먼데이 모닝 멘토링

데이비드 코트렐 지음 | 송경근 옮김

먼데이 모닝 멘토링

펴   냄   2007년 2월 5일 1판 1쇄 박음 | 2007년 2월 10일 1판 1쇄 펴냄
지은이   데이비드 코트렐
옮긴이   송경근
펴낸이   김철종
펴낸곳   (주)한언
         등록번호 제1-128호 / 등록일자 1983. 9. 30
주   소   서울시 마포구 신수동 63-14 구 프라자 6층(우 121-854)
         TEL. 02-701-6616(대) / FAX. 02-701-4449
책임편집   박성희 shpark@haneon.com
디자인   차귀령 krcha@haneon.com
홈페이지   www.haneon.com
e-mail   haneon@haneon.com

먼데이 모닝 멘토링

MONDAY MORNING MENTORING

열심히 배우고, 최선을 다해 이끌며,
함께 나눌 용기를 가진
모든 사람에게 이 책을 바칩니다.

To.

From.

프롤로그

2년 전, 모든 게 삐거덕거리기 시작했다. 〈포춘〉 지가 선정한 500대 기업 안에 이름을 올린 회사에서 비교적 성공한 관리자가 되기까지 몇 년 동안 열심히 일했지만, 어느 날 갑자기 모든 게 흔들리기 시작했다. 일에 치여 눈코 뜰 사이 없이 바빠서 아이들 얼굴조차 보지 못하는 날이 많아졌고, 아내와 대화할 시간마저 사라졌다. 건강도 별로 좋지 못했다. 여러 가지로 힘든 상황이었다.

내가 슬럼프에 빠지자 내가 관리하는 팀 역시 큰 영향을 받기 시작했다. 팀원들의 사기는 땅에 떨어졌고 업무는 갈수록 느리게 진행되었다. 실적에 대한 압박으로, 팀원 모두 '더 이상 견딜 수 없는' 지경에까지 이르렀다. 솔직히 말해서 나 역시 내 리더십을 의심하기 시작했고, 모든 걸 포기하고 싶었다.

끝없는 의문이 머릿속에서 떠나질 않았다. 더 이상 나는 팀의 리더 자격이 없는 게 아닐까? 그동안 거둔 성공은 그저 경기가 좋아서였을까? 이제까진 단순히 운이 좋았던 것일까? 정말 끝이 보이지 않았다. 나는 내 말을 있는 그대로 들어주고, 적절한 충고를 해줄 누군가 의지할 만한 사람이 절실히 필요했다.

어느 토요일 오후. 골프장에서 아버지 친구이신 토니 피어스 씨를 만났다. 그는 성공한 비즈니스 리더로 지금은 은퇴하고 최고경영자를 위한 책을 집필하고 있다. 나는 아직까지 그의 정확한 나이를 모른다. 겉으로 보기엔 나보다 겨우 서너 살 많아 보일만큼 정력적이었다. 하지만 그의 경력은 내가 절대 따라잡을 수 없을 정도로 높아만 보였다.

그는 분명 성공했지만, 절대 변하진 않았다. 온화한 성격과 운동선수처럼 다부진 몸매, 카리스마 넘치는 분위기는 이미 비즈니스 업계의 전설이 되어 있었다.

은퇴하기 직전에 토니는 파산 직전의 기업을 되살려 수익을 창출하는 '부실기업 회생 전문가'로 일했다. 그는 공신력 있는 기관에서 제정한 '올해의 기업인' 상을 두 차례나 수상했고, 경영자 사이의 협력을 증진하기 위해 설립된

‘경영자협회’의 회원으로서 왕성하게 활동하고 있었다.

말하자면, 토니는 자기만의 전문분야에서 성공했고, 백만장자가 되었다. 게다가 다른 사람들을 돕는 데 시간을 쏟고 경제적인 지원을 아끼지 않기 때문에 지역사회의 존경까지 받고 있었다. 정말이지 토니는 정직과 성실의 대명사 그 자체였다.

우리 할아버지는 그를 ‘진짜 신사’ 라고 부르곤 하셨다. 아버지 역시 토니를 매우 존경했고, 사업을 하는 동안 종종 그에게 조언을 구하곤 했다.

내게 토니는 이상적인 역할 모델이었다. 나 역시 지혜롭고 자기 확신이 강하며 다른 사람들에게 존경 받고 누구나 원하는 대화 상대이자 멘토이고 싶었다. 그러나 당시 내 상황은 그런 이상형과 너무 멀리 떨어져 있었다.

대학을 졸업할 때, 토니는 내게 축하 카드를 보내주었다. 그 카드를 버릴 수가 없어서 나는 아직까지 보관하고 있다. 골프장에서 토니를 만났지만, 나를 알아보진 못했다. 우리가 마지막으로 본 후로 벌써 몇 년이 훌쩍 지나버렸으니 알아보지 못하는 게 무리는 아니었다. 혹시 전화를 해서 내 이름을 말해도 기억하지 못하는 건 아닐까? 전 세계적으로 유

명한 분이 나를 만나줄 시간이나 있을까? 나는 자꾸만 망설

여졌다.

친애하는 제프,

대학졸업을 축하하네. 인생에서 가장 좋은 시기를 마쳤군.

이제부터 진정한 배움이 시작될 걸세.

난 자네가 스스로 선택한 분야에서 꼭 성공하리라고 믿네.

혹시 개인적인 일이나 사업적인 문제로

의논 상대가 필요하면 언제든지 연락하게.

상대가 자네라면 지금까지 쌓아온 내 경험을

나눠주는 것만으로도 영광일 듯하네.

다시 한 번 졸업을 축하하네.

자네의 친구,
토니 피어스

　한참을 고민한 후에, 나는 밑져야 본전이라는 심정으로 전화를 하기로 마음먹었다. 그만큼 내 인생은 통제불능 상태로 빠져들고 있었고, 어떤 변화가 절실히 필요했다. 나는 수화기를 들었다. 전화번호를 누르는데 어찌나 떨리던지. 그가 나를 기억하지 못하면 괜히 나만 바보 되는 게 아닐까 불안하기도 했다. 만일 내 이름을 기억한다 하더라도 그가 기꺼이 도와주겠다고 했던 때는 한참 전이 아닌가. 어쩌면 으레 한 소리였을지도 몰랐다.

　토니가 전화를 받았다. 일단 첫마디를 꺼내자 불안했던 마음이 눈 녹듯 깡그리 사라졌다. "저… 기억하실지 모르겠네요. 제프 월터스라고 합니다." 토니는 기다렸다는 듯이 바로 날 알아보았다. 아버지가 돌아가신 후로 어머니는 괜찮으신지 안부를 묻고는 전화해줘서 영광이라고 말하는 게 아닌가. 몇 년 전, 그가 보낸 졸업 축하카드에서 본 '영광'이라는 말을 다시 들으니 묘한 감정이 들었다.

　몇 마디 통상적인 안부를 주고받자 나는 졸업할 때 받은 카드에 대해 토니에게 말했다. 그리고 지금 업무상 심각한 어려움을 겪고 있고, 아직까지 그 제안이 유효하다면 조언을 구하고 싶다고 덧붙였다.

　내가 직면하고 있는 몇 가지 문제점을 설명하자, 그는 흔

쾌히 승낙하면서 다음과 같은 두 가지 조건을 제시했다.

"첫째, 나는 자네가 문제를 해결하게 만들어주진 못하네. 대신 자네가 더 나은 사람, 더 나은 리더가 될 수 있게 도움을 줄 순 있지. 그러려면 꽤 오랜 시간을 함께해야 할 걸세. 만일 자네가 10주 동안 매주 월요일 아침마다 우리 집에 찾아온다면 얼마든지 도와주겠네."

"10주요?" 나는 깜짝 놀랐다. "꼭 10주나 걸려야 하나요? 10주는 제게 너무 긴 시간이고, 게다가 10주 동안 업무 시간에 짬을 내서 매주 월요일마다 만날 수 있을지…" 이때 토니가 내 말을 중간에 잘랐다. "자네가 팀을 이끌면서 겪는 모든 일을 살피려면 그 정도 시간은 있어야 하네."

"만일 그렇게 생각하시고, 그렇게 많은 시간을 제게 할애해주신다면 저 역시 당연히 그 시간을 투자해야겠죠." 나는 목소리를 누그러뜨리며 말했다. "제게는 아주 소중한 기회일 것 같네요."

"한 가지 더. 나와 함께 하면서 얻은 교훈과 경험을 꼭 다른 사람들과 나누어야 하네. 자네가 직면한 문제는 유별난 게 아니야. 다른 사람들 역시 자네의 소중한 경험을 통해 뭔가 배울 수 있다면 좋지 않겠는가?"

나는 월요일 대신 금요일에 만나면 어떨까 물었지만, 그가 낼 수 있는 시간은 월요일 아침뿐이었다. 그가 제시한 두 가지 조건을 나는 받아들였다. '10주를 다 채울 수 있을진 모르겠지만, 일단 최선을 다하지 뭐.' 스스로 이렇게 합리화하기도 했다. 아무튼 10주란 시간이 다소 부담스럽긴 했지만, 토니가 개인적으로 멘토링을 해주겠다고 하자 나는 기운이 솟았다.

결국 '토니와 함께한 월요일 아침'이라고 할 만한 10번의 만남은 내 인생 최고의 시간이 되었다. '끝까지 하지 못해도 어쩔 수 없지' 하는 생각은 두 번 다시 떠오르지 않았다.

배운 것을 다른 사람들과 나누겠다는 약속 때문에 나는 지금 이 책을 쓰고 있다. 시간을 투자해서 당신이 이 책을 읽어주는 게 내겐 더없는 영광이다. 당신 역시 토니가 내게 가르쳐준 지혜를 다른 사람들과 함께하기를 바란다.

이 책과 함께 여행을 시작하길 기원하며, 토니에게 배운 내용을 답습하면서 계속 성장하기를 바란다.

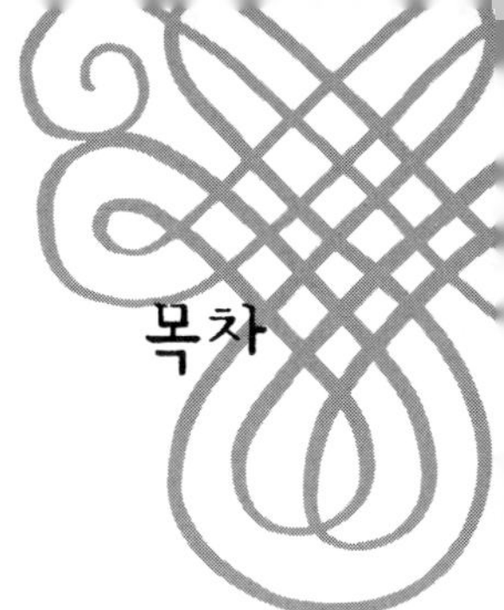

목차

역경은 인내하는 것

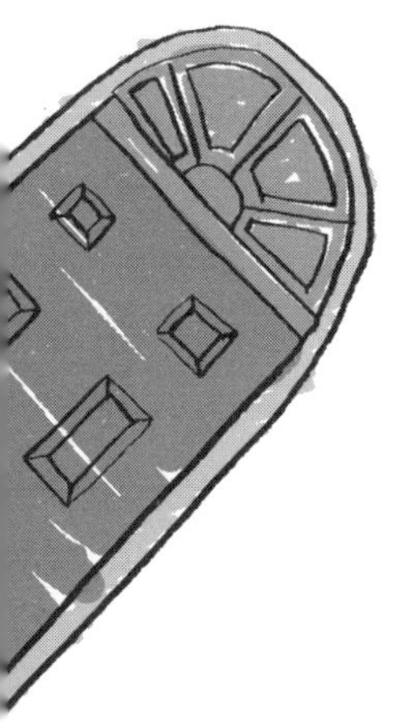

비가 추적추적 내리는 어둑한 날이었다. 나는 토니를 만나기 위해 집을 나섰다. 솔직히 그와 미팅을 하면서 얼마나 많은 것을 개선시킬 수 있을지에 대해선 회의적이었다. '기껏해야 마음이나 좀 편해지겠지'라고 여겼다. 지금 생각해보면, 관리자로서 내 관리방법을 완전히 바꾸어놓을 수 있을지에 대해 확신이 서지 않았던 듯하다.

내로라하는 세계 최고의 기업에서 몇 년간 근무하면서 나는 여러 가지 경영능력 개발과정을 경험할 수 있었다. 하지만 그런 개발 프로그램은 순간적으로 자극을 주었지만, 지속적으로 효과를 나타내진 못했다. 나는 스스로 끊임없이 이렇게 떠올렸다. '모든 것이 잘 풀렸으면 애당초 토니를 찾지 않았을 거야. 현실을 봐. 나는 삶의 중대한 기로에 서 있는 거라고. 어떻게 변해야 하는지는 모르지만, 난 진짜

변해야 해. 정신 바짝 차려, 제프!'

하지만 이내 내 자신을 꾸짖었다. '토니는 세계 최고의 경영자들이 상담하고 싶어서 안달하는 사람이라고. 그분이 내게 시간을 내준 건 둘도 없는 행운이야!'

약속 시간은 오전 8시 30분이었다. 비가 온 터라 내가 막 토니의 집 현관에 도착한 시간은 8시 40분이었다. 마치 〈GQ (*Gentlemen's Quarterly*)〉 같은 교양 있는 남성잡지 표지에서 걸어 나온 것처럼 말쑥한 차림을 한 토니가 현관에서 나를 기다리고 있었다.

"어서 오게, 제프. 잘 왔네!"

마치 아버지처럼, 토니는 두 팔을 벌려 나를 꼭 안으며 말했다. "자네가 나를 찾아오다니 이거 정말 영광이군." 그는 나를 집안으로 안내해서 여기저기를 구경시켜주었다. 집은 정말이지 굉장했다. 넓은 거실이 있는, 분위기가 온화한 멋진 집이었다. 몇 해 전, 아내와 사별한 토니는 예전에 부부동반으로 전 세계를 여행하면서 찍은 사진들을 잠시 보여주었다.

집을 구경하고 나자 그는 나를 서재로 데려갔다. 책장에는 수천 권이 넘는 장서가 가득 꽂혀 있었다. 벽에는 누군지 한눈에 알아볼 수 있을 만큼 유명한 재계 인사들과 찍은 토니의 사진이 여러 장 걸려 있었다. 솔직히 나는 그때 분위기에 눌려 주눅이 들어 있었다. 몇 마디 일상적인 대화를 나누고, 토니는 바로 본론으로 들어갔다.

"시간은 소중한 것이라네, 제프." 토니가 말했다. "우리가 이 짧은 시간을 최대한 활용하기 위해선 몇 가지 규칙이 있어야 할 것 같네. 그래서 내가 몇 가지 규칙을 임의로 정해보았네. 한번 보게나." 그는 직접 쓴 메모지를 내게 내밀었다. 거기에는 간단한 세 가지 규칙이 적혀 있었다.

월요일 수업의 기본 규칙
수업 시작시간과 종료시간을 꼭 지킬 것.
사실만을 말할 것.
지금까지와 다른 방식을 시도할 것.

'간단하군.' 나는 속으로 생각했다. '이 정도 규칙쯤이
야.' 나는 토니에게 자신 있게 말했다. "네, 이 규칙을 따를
게요. 그럼, 시작하시죠."

"좋아, 그렇다면," 토니가 말문을 열었다. "무슨 일로 지
금 여기에 있는지부터 말해보게."

그때부터는 주로 내가 이야기했고, 토니는 아무 말 없이
내 말을 들어주었다. 나는 토니와 마지막으로 만났던 대학
졸업 당시의 이야기부터 꺼냈다. 미래를 향한 꿈에 부풀어
그 무엇도 내 성공을 가로막지 못할 거라고 자신만만해 하
던 때였다. 교육은 받을 만큼 받았고, 에너지는 넘쳤으며,
미래에 대해서 퍽 낙관적이었다. 사회에 첫발을 내디딘 처
음 몇 년 동안, 성공은 너무나 쉽고 빠르게 찾아왔다.

승진 역시 남보다 빨랐다. 나는 세계 최고로 꼽히는 첨단
기술업체 영업 파트에서 근무했다. 그리고 얼마 지나지 않
아 관리자로 승진했다. 그것이 내 사회경력의 첫 분수령이
었다. 업무가 아주 맘에 들었고, 일 또한 순조롭게 잘 풀려
나갔다. 한마디로 나는 승승장구하고 있었다. 나는 점차 중
요한 의사결정 과정에 참여했고, 나이에 비해 많은 것을 경
험하고 배웠다. 우리 팀 실적은 사내 최고는 아니었지만 회

사로부터 그 성과를 인정 받았다. 아니, 그 이상이었다. 우리 팀에는 나만큼 일에 대한 열정을 갖지 못한 팀원들도 더러 있었다. 하지만 워낙 업무가 수월하게 진행되고 있었기 때문에 크게 신경 쓰지 않았다. 사실, 그 당시 여러 가지 문제에 봉착하게 된 데는 그런 업무수행상의 이슈들을 무시하고 넘어간 게 단단히 한몫했다.

정말이지 나는 '성공한 남자의 모델'이 되기 위해 밤낮을 가리지 않고 일했다. 팀원들은 나를 무척 좋아했고, 진정으로 나를 따라주었다. 그래서 나는 그들과 회식자리를 자주 가졌고, 내가 안고 있던 몇 가지 고민을 딜어놓기도 했다. 당시에는 그것을 좋은 전략이라고 생각했다.

당시 나는 회사 중역들의 일하는 방식이 영 못마땅했다. 그래서 회식자리에서 팀원들에게 "우리 팀이 회사중역들처럼 바보같이 일한다면, 망하는 건 시간문제야"라고 서슴없이 말하곤 했다. 그들은 내 말에 고개를 끄덕였고, 중역들을 비웃었다.

정말 좋은 시절이었다. 그러나 그 후 몇 년에 걸쳐 사업이 어려워지기 시작했다. 팀원은 달라지지 않았지만, 그때까지 내가 무시했던 업무수행상의 문제들이 팀 전체의 업무실적에 큰 영향을 미치기 시작했다. 관리자로서의 내 위

상까지 위태롭게 할 만큼 큰 위협으로 다가오기 시작했던 것이다.

야근을 하는 횟수는 갈수록 늘어났지만, 업무실적 그래 프는 상승곡선을 그리기는커녕 바닥을 모르고 떨어지기만 했다. 나는 초조해졌고, 팀원들 역시 마찬가지였다. 그럴수록 실적은 더욱 떨어졌다.

"그래서 당신을 찾아 도움을 청한 것입니다." 나는 풀죽은 목소리로 말했다.

"도대체 어떻게 해야 할지 모르겠어요. 제가 당신을 너무 늦게 찾은 건 아니겠죠?"

토니는 내 이야기를 다 들은 다음에 입을 열었다.

"우선, 자네는 그런 상황을 마치 자네만 겪는 것처럼 생각하는 것 같군. 그것처럼 틀린 생각은 없지. 사실은 모든 관리자가 자네와 같은 문제로 고민을 한다네. 오히려 그렇지 않은 사람이 아주 드물지. 나 역시 자네와 같은 문제로 늘 고민했다네. 그것은 리더라면 누구나 맞닥뜨리는 문제니까 말이야. 새로울 게 없네. 어떤 일에 종사하는 리더건 붙잡고 물어보게. 모두 자네와 똑같은 문제, 똑같은 좌절을 겪고 있다는 것을 깨닫게 될 거야. 그러니 이제 자기 탓은 그만 하게. 그건 귀한 시간을 낭비하는 짓일 뿐이니 말일세.

중요한 건 상황을 호전시킬 수 있는 계획을 세우는 일이라네. 그리고 분명히 말하지만, 변화하기에 전혀 늦지 않았네."

토니가 계속해서 말했다.

"자넨 아직 젊지만 많은 경험을 쌓았네. 난 자네가 전화해서 내게 도움을 청했다는 사실만으로도 대단하다고 생각하네. 용기를 내어서 여기까지 올 수 있는 사람은 많지 않거든. 사실 많은 사람들이 자네와 같은 도전거리를 가지고 있지만, 대부분은 금방 포기하고 말지. 성공이 바로 저기 모퉁이에서 기다리고 있는데도 말이야. 제프, 자네에게 닥친 문제는 모든 사람의 문제라는 것을 명심하게. 어쩌면 길을 갈 때마다 자네는 자꾸만 벽에 부딪히는 것 같을 거야."

나는 고개를 끄덕였다. "정확히 보셨어요. 그리고 벽이 점점 가깝게 다가오며 저를 옥죄는 것 같아요. 빠져나갈 길이 도무지 보이질 않아요."

그러자 토니는 의자 깊숙이 몸을 밀더니 손바닥을 마주쳤다. "제프, 내가 보기에 자네는 '벽'에 내동댕이쳐진 거 같군."

"벽에 내동댕이쳐졌다고요?" 나는 물었다. "그런 말은 처음 듣는데요, 제가 처한 상황을 컨설팅에선 그렇게 표현하나 보죠?"

　　그러자 토니는 매우 빠르게 대답했다. "아니, 무슨 단어를 줄여서 표현한 것이거나 컨설팅 용어가 아니라네. 다만 우리 대부분이 사회적인 경력을 쌓아 나갈 때 종종 부딪히는 막다른 길을 의미할 뿐이라네. 재미있는 이야길 하나 해줄까?

　　길을 가다가 한 현자를 만난 남자가 있었네. 그는 '어떤 길로 가야 성공할 수 있을지'를 현자에게 물었지. 현자는 수염자락을 날리며 말없이 한쪽 길을 가리켰다네. 이제 금방 성공할 수 있다는 생각에 흥분한 남자는 그 길로 달려갔지만, 금세 막다른 벽에 세게 부딪히고 말았지. 멍한 정신으로 절룩거리며 돌아온 그 남자는 자기가 길을 잘못 들었지 싶어 다시 현자를 찾아가서 물었다네.

　　현자는 여전히 아무 말없이 같은 길을 가리켰지. 성공에 목마른 남자는 이번에도 똑같은 길로 달려갔다네. 하지만 역시 막다른 벽에 부딪히고 말았지. 옷은 너덜너덜해지고, 여기저기 상처를 입은 채 남자는 현자를 찾아가 버럭버럭 화를 냈지. '성공에 이를 수 있다고 해서 가르쳐준 길로 갔는데 매번 막다른 벽에 부딪혔습니다. 손가락으로 가리키지 말고 말을 해주세요!'

　　그러자 현자가 이렇게 말했다네. '성공하고자 한다면 그

길로 가는 게 맞네. 조금만 더 부딪히게.'

자네 역시 그 남자처럼 벽에 부딪힌 걸세. 옷은 너덜너덜해지고, 몸엔 상처가 가득하며, 또 어딘가 부러지거나 다치지. 하지만 만일 자네가 그런 노력을 감당할 만큼 충분히 강하고 헌신적이라면 자네가 그 벽을 견딜 수 있을 때까지 함께 노력해나갈 수 있을 걸세."

"정말 그럴 것 같아요." 나는 말했다. "저는 오랫동안 벽에 부딪혔어요. 그리고 지금은 그 때문에 많이 지쳐 있다고 할 수 있죠."

"자네는 아주 실질적인 어려움에 저해 있지. 세3사의 조언을 구한 것은 아주 잘한 행동일세. 누구나 완전히 다른 관점에서 상황을 볼 수 있게 도와줄 사람이 필요하니까."

토니의 한마디 한마디가 내 마음속에 쏙쏙 박혔다.

"사실, 나 역시 새로운 통찰력을 갖게끔 도와준 멘토가 여럿 있었다네. 그들은 숱한 세월이 흐른 지금까지 여전히 내 멘토 역할을 해주고 있지. 변화하기에 전혀 늦지 않았네. 다만, 상황을 바꾸려면 해야 할 일이 있지. 이걸 꼭 기억하게나. 자넨 이제 혼자가 아니야. 사원에서 관리자로, 관리자에서 리더로 변화하려면 많은 난관을 헤쳐나가야 하지. 자네 선친이 내게 한 말 중에 잊을 수 없는 게 있지. '특별한 사람이 되고 싶다면, 먼저 보통 사람이길 멈추시게.' 누구나 남에게 호감을 얻고, '괜찮은 사람'이 되고 싶어 하네. 그것은 당연한 일이지. 하지만 팀원들이 자네를 리더로서 좋아하거나 존경하는 데는 합당한 이유가 있어야 하네. 만일 자네가 공정하거나 일관성이 있어서, 남의 감정을 잘 이해해서, 혹은 긍정적이어서 자네를 따르고 존경한다면 아주 바람직한 일이지.

그러나 단지 자네가 회식자리를 자주 마련해주기 때문에 팀원들이 자넬 좋아한다면, 자네에게 득이 될 것은 하나도 없네. 자넨 스스로 실패를 자초한 셈이지. 만일 자네가 팀원들에게 호감 사는 것을 목표로 삼으면, 그 '친구들'의 심기를 건드리고 싶지 않기 때문에 곤란한 결정 내리기를 회피할 걸세. 사원에서 관리자, 관리자에서 리더가 되면 그 전과는 다른 결정을 내려야 할 때가 온다네. 날 믿게나. 리더로 변화하는 과정에서는 일뿐 아니라 자네 삶의 다른 부분에서까지 여러 가지 어려움에 직면하지.

제프, 나는 10대 때의 자네 모습을 아직 기억하고 있네. 자네는 열여섯 살이 되는 해에 운전면허를 따고 아주 신나했지. 기억하나? 몇 년 동안이나 직접 차를 몰 수 있기만을 기다리다가 마침내 면허를 땄으니 어련했겠나. 그때 자네가 얼마나 자신만만했었는지 생각나나? 자넨 당연히 베스트 드라이버가 될 거라고 믿었지. 그래서 아버지에게도 똑같은 말로 약속까지 했고 말이야." 토니는 살짝 윙크를 했다.

"물론 기억하죠." 내가 대답했다. "운전면허를 딴 지 이틀 만에 교통사고를 냈던 것 역시 기억하고요. 다행히 다친 사람은 없었죠."

"그래, 그랬었지." 토니가 고개를 끄덕였다. "그때 그 차에는 학교 축구부원들이 진뜩 타고 있었다고 들었네. 그런데 말이야, 자네가 모르는 게 하나 있네. 사고가 나고 며칠 후에 나는 자네 아버지와 그 사고의 원인에 대해 이야기를 나눌 기회가 있었네. 그때 우리가 내린 결론은 자네가 운전사와 승객의 차이를 이해하지 못했다는 것이었네.

자네도 알겠지만, 운전사가 할 수 없는 많은 일을 승객은 자유롭게 할 수 있네. 운전사는 도로에 정신을 집중해야지 오락거리에 주의를 뺏겨서는 안 되지. 승객은 귀청이 떨어질 거 같은 음악을 듣거나 '어수선한 행동'을 할 수 있지만, 운전사는 그러면 안 되네. 리더가 되는 일 역시 마찬가지지. 똑같은 원칙이 적용되지. 자넨 더 이상 승객이 아니고 운전사인 거야. 리더가 되면 책임은 늘어나는 반면, 그전에 누리던 자유나 권리는 줄어들기 마련이라네.

가령 자네가 리더로서 성공하고 싶다면, 팀원들의 '불만 파티'에 끼어 회사중역들 험담하는 일부터 그만두게. 관리자이자 리더로 자네가 책임지고 있는 팀에서 생긴 문제를 다른 사람 탓으로 돌릴 권한이 자네에겐 없다는 뜻이지. 부정적이거나 회의적인 자세를 취해도 안 되네. 의사결정을 피하는 것 역시 그렇고. 관리자와 리더는 더 이상 객기 있는 젊은이가 아니어야 한다네. 자네 팀에서 일어나는 모든 일에 대한 책임은 바로 자네에게 있다는 것을 명심해. 설령 그것이 감당하기 힘든 일이라도 말일세."

토니는 계속해서 말을 이었다. "자네에게 주어진 시간은 물론 팀원들의 시간까지 책임져야 하기 때문에 때로는 자네의 시간을 희생해야 하는 경우도 있다네." 그러면서 토니는 시계를 들여다보았다. "시간 이야기가 나와서 말인데, 자네 오늘 몇 시에 도착했나?"

"8시 30분 살짝 넘어서요." 나는 별 대수롭지 않게 대답했다. "그럼 우리가 만나기로 약속한 시간은 정확히 몇 시였지?" 토니가 힘을 주어 말했다.

"8시 30분이요. 여유롭게 출발하긴 했는데, 비가 와서 길이 막히는 바람에…” 나는 다소 말을 더듬거렸다.

“그렇지, 비가 왔지.” 그는 내 말에 수긍하면서 말했다. “하지만 자네가 지각한 것은 비 때문이 아니네. 제프, 알다시피 무슨 일이든 자네가 전적으로 책임을 인정할 때에만 그것에 대한 조치도 취할 수 있다네. 비가 오면 일찍 출발한다거나 막히지 않는 길을 찾는다거나, 아니면 내게 전화를 해서 수업시간을 조금 늦출 수 있었지 않나? 시간을 지키고 못 지키고는 순전히 자네에게 달려 있네. 비는 사소한 변수일 뿐이지.”

“명심하겠습니다.” 나는 대답했다.

“자, 그럼 계속하지.” 토니가 말했다. “자네가 직면한 문제의 원인을 다른 사람이나 상황 탓으로 돌리는 일이야말로 책임을 회피하는 일이야. 물론 실제로 그 원인이 다른 사람이나 상황에 있을 수 있네. 하지만 진정한 리더라면 문제의 책임소재를 따지는 데 시간을 허비하기보다는 그 문제를 해결하는 데 시간을 투자해야 한다는 걸 잊지 말게. 자기 행동에 책임을 지기보다 변명을 찾기 시작하면, 리더로서의 효율성은 바로 끝나고 만다네.” 토니는 한껏 강조했다.

“자네가 어떤 업무를 받아들였다는 것은 단순히 어떤 조직의 한 직위를 꿰차고 있는 게 아니라, 바로 그 자리가 요구하는 책임까지 질 의무가 있다는 것을 의미하네. 구실거리를 찾고 실패에 대해 다른 사람을 비난하는 리더를 원하는 사람은 아무도 없지. 다른 사람을 비난하거나 변명하는 일은 누구나 할 수 있네. 핑계 없는 무덤 없다고, 누구나 그럴 듯한 변명거리를 가지고 있지 않겠나? 책임을 남의 탓으로 돌리는 것은 과거에 얽매이는 일이라네. 반면, 책임을 지는 것은 미래에 집중하는 일이지. 제프, 자네가 책임을 전적으로 받아들이기 전까진 목표를 달성하기 위한 어떤 계획도 세울 수 없다네."

내가 이것에 대해 생각할 수 있도록 토니는 얼마간 여유를 두었다. 그의 말은 아주 중요했고, 심사숙고할 필요가 있었다.

"자네가 꼭 알았으면 하는 다른 한 가지는 바로 상황을 개선하기 위해서는 책임지는 선택을 해야 한다는 것이네." 토니가 말을 이었다. "물론 자네는 상황을 통제할 수 있을 것일세. 그런데 말이야, 자네의 관리방식에서 남을 책망하고 비난하는 것은 꼭 자제하게. 아예 자네의 언어사전에서 그런 단어를 없애버리게. 그러면 긍정적인 변화가 시작될 걸세. 알다시피 우리에겐 선택할 수 있는 능력이 있네. 그리고 내 경험에 비추어 볼 때, 성공은 궁극적으로 올바른 선택을 한 사람, 그리고 잘못된 선택에서 얼른 빠져나오는 사람들이 이루더군."

　토니는 잠시 말을 멈추고 커피를 한 모금을 마셨다. 나는 그의 다음 말이 무엇일지 정신을 집중했다. "자네의 선택에는 방향이 있지. 그 선택은 성공의 길을 향하거나 반대의 길을 향할 거야. 당연한 말이지만, 개인적인 혹은 직업적인 성공은 좋은 선택을 반복하고 잘못된 선택을 반복하지 않는 것에 달려 있다네." 토니가 말했다.

　"자, 자네가 생각할 때 성공했다는 사람들을 한번 떠올려보게나. 동료, 이웃, 가족, 누구든 상관없네. 예외 없이 모두 선택을 잘해서 성공했다는 것을 알 수 있을 걸세. 운이나 조건, 혹은 그들의 인생을 살펴주는 수호천사 덕분에 성공한 게 아니지.

　그럼 성공한 사람들의 모습을 더 깊게 생각해보게. 공통점이 보이지 않는가? 잘 믿기지 않겠지만, 특출하게 성공한 사람과 그렇지 못한 사람간의 차이는 우리가 생각하는 것처럼 그리 크지 않다네. 예를 들어, 비슷한 장소에서 똑같은 제품을 파는 두 명의 영업사원이 있다고 하세. 그런데 한 사람은 일 년에 250만 달러를 버는데, 다른 사람은 일 년에 50만 달러 밖에 벌지 못하네. 그렇다면 250만 달러를 버는 영업사원이 50만 달러를 버는 영업사원보다 능력이 다섯 배나 좋을까?"

"물론 그렇지 않죠." 나는 대답했다.

"그럼 어떤 차이가 있을까?"

"다섯 배 이상의 실적을 올리는 영업사원은 다른 영업사원보다 더 나은 선택을 하고, 설령 잘못된 선택을 해도 거기서 곧 빠져나오기 때문이라는 대답을 원하시는 것 같은데요." 나는 말했다.

"바로 그거네!" 토니는 맞장구를 치곤 이렇게 덧붙였다. "그리고 또 다른 차이는, 성공한 사람들은 다른 사람이 꺼려하는 선택까지 기꺼이 한다는 점이지. 만일 자네가 성공한 사람들에게 물어본다면, 그들 역시 그런 선택을 하고 싶지 않았다고 대답할 걸세. 하지만 그들은 더 중요한 목적을 가지고 있기 때문에 그렇게 하지. 만일 성공을 위해 의식적인 선택을 할 책임을 받아들인다면, 자네는 선택이 제공하는 힘을 얻을 수 있을 걸세. 그리고 그저 삶이 흘러가는 대로 흘러가는 불운한 사람이 되지 않을 걸세. 올바른 선택을 할 때, 자네는 성공을 좌지우지할 수 있다네."

토니가 시계를 힐끗 쳐다보았다. "음, 오늘 약속한 시간이 거의 다 되었군." 그는 탁자 너머로 파란색 스프링 노트 한 권을 내밀었다. 노트 겉에는 '토니와 함께한 월요일 아침'이라고 적혀 있었다.

"자, 우리가 주고받은 이야기를 이 노트에 쭉 써보게나. 그러면 우리가 나누었던 이야기를 다시 되새기고 싶을 때 쉽사리 찾을 수 있을 걸세." 토니가 말했다.

토니는 자리에서 일어나 나를 현관까지 배웅해주었다. "지금의 상황을 개선하기 위해 자네가 이번 주에 할 일이 뭐지?"

"음, 책임에 관한 말씀은 충분히 이해하지만, 우리 팀을 짓누르고 있는 외부적 요소가 너무 많아서 '완전한 책임'이라는 관문까지 도달할 수 있을지는 모르겠네요." 나는 다소 자신 없는 말투로 말했다. "하지만 팀원들의 '불만 파티'에 끼지 않고, 우리 팀의 문제를 회사중역들 탓으로 돌리지 않겠다는 점만은 확실히 약속할 수 있어요. 그리고 모든 일에 제가 책임을 지려고 노력할 테니 지켜봐주세요." 나는 이렇게 약속했다.

"집에 돌아가서 자네가 방금 한 말을 노트에 적어놓게." 토니가 말했다. "그리고 명심하게. 노트에 적는 순간부터 자네는 그 일을 실행하기로 약속했다는 걸 말일세. 말로만 해서는 자네가 하고자 하는 일을 정말로 이룰 수가 없는 법이지." 그의 말을 들으면서 나는 고개를 끄덕였다. 그리고 다음 주엔 정확히 8시 30분까지 오겠다고 말했다.

나는 토니의 집을 나섰다. 들어갈 때보다 훨씬 난감한 기분이 들었다. 우리 팀에서 일어난 모든 일을 내 책임으로 여기는 것은 너무 힘들었고, 그게 현실적으로 가능한 일인지에 대한 확신도 서지 않았다. 사실, 내가 직면하고 있는 모든 문제가 잘못된 선택 때문인 것은 아니었다. 나는 토니가 말한 '삶이 흘러가는 대로 흘러가는 불운한 사람'이라는 말을 받아들이기가 어려웠다.

토니가 한 말은 대부분 수긍이 갔지만, 동시에 그의 조언이 너무 앞서가는 건 아닌지 의문스러웠다. 하지만 난 토니와 약속했다. 다른 식으로 시도하고, 그 결과를 지켜보겠다고 말이다.

그날 저녁, 나는 토니에게 배웠던 내용을 기록하기 위해 노트를 펼쳤다. 첫 장에 토니의 편지가 있었다. 편지를 읽으면서 나는 그의 말에 담긴 진실성을 느낄 수 있었다. 그는 정말로 내가 성공하기를 원하고 있었다. 나는 그 어느 때보

다도 바람직한 변화의 가능성이 저 멀리서 내게 다가오고
있음을 확실히 느낄 수 있었다.

제프에게,

용기를 내어 조언 구한 것을 축하하네.
자네가 이 편지를 발견했다는 것은 일에 대해 자부심을
가지고, 더 중요하게는 앞으로 자네의 행동에 기꺼이
전적으로 책임을 지겠다는 의지의 표현으로 볼 수 있네.
이 노트의 페이지를 넘겨가면서 자네가 쓸 말들은
앞으로 펼쳐질 자네의 일과 인생에 성공을 가져다줄
새로운 청사진이 될 걸세. 내 경험을 자네와 함께
공유할 수 있게 된 것을 영광으로 생각하고,
다음 주 월요일에 다시 만날 것을 기대하겠네.

자네의 친구,
토니

- 내 성공 여부는 벽을 넘기 위한 용기와 의지에 달려 있다.

- 나는 내 성공과 행복의 운전수다!

- 내 책임을 전적으로 통감하기 전까진 내 목표를 달성할 계획을 세울 수 없다.

- 관리자에서 리더로 위치가 달라지면 예전과는 다른 의사결정을 해야 한다.

- 내 성공은 더 나은 선택을 하고 나쁜 선택에서 빨리 추스르고 나오는 일의 결과다.

핵심과업을 상기하라

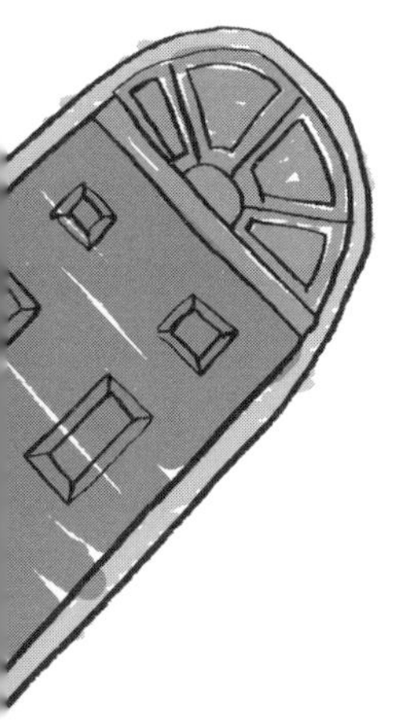

토니의 집에 도착하니 8시 20분이었다. 그날 역시 비가 퍼붓고 있었다. 나는 토니의 집으로 뛰어들어가기 전에 잠깐 차 안에 앉아 있었다. 차 문을 열고 재빨리 현관으로 뛰어들어가자 토니가 미소를 띤 채로 현관문을 열고 나를 맞아 주었다.

"어서 오게, 제프!" 토니가 반갑게 말했다. "오늘은 시간을 잘 맞춰서 왔군. 날씨는 지난주보다 더 궂은 데 말이야. 지난주에 책임에 대해 말한 효과가 있는 것 같군. 제 시간에 도착할 수 있도록 대책을 세운 걸 보니 말일세." 그가 웃으면서 덧붙였다.

"예, 그런 거 같아요." 나는 토니의 말에 고개를 끄덕였다. "오늘은 지난주보다 일찍 출발했죠. 한 주간 저희 팀에서 일어나는 모든 일에 대한 책임이 전적으로 제게 있다는 사실을 받아들이려고 노력했지만, 결국 그 게임에서 지고 말았어요. 솔직히 너무 많은 일들이 여기저기에서 터지고 있었거든요. 어떤 일이든 간단치가 않았죠. 그러니까 저 혼자 힘만으로 문제를 풀어가기엔 역부족이었단 말이죠."

"더 자세하게 이야기해보게." 토니는 등받이가 높고 편안해 보이는 의자에 몸을 기대면서 말했다.

"저희 팀엔 제 아래로 열다섯 명의 팀원이 있어요." 나는 이야기를 꺼냈다. "두 명이 결원상태죠. 상사인 카렌은 요구사항이 많은 편이에요. 이 부분에 대해선 말하기 조심스럽네요. 우리 팀원들은 각자 해야 할 일을 잘 알고 있다고 저는 확신해요. 그런데도 업무실적은 점점 뒤처지고 있으니…. 현재 공석으로 있는 두 사람의 업무를 팀 전체가 조금씩 나눠서 담당하고 있는데, 이쪽 불을 끄고 나면 저쪽에서 불길이 솟으니 아주 죽을 지경이에요. 이 모든 위기상황을 제대로 관리하기엔 분명 역부족이죠. 하루 종일 연기만 마시며 정작 해야 할 일을 제대로 처리하지 못하는 실정이에요." 내가 솔직하게 이야기하자 토니는 안쓰럽다는 표정을 지어보였다.

"제프, 자네에겐 모든 상황이 위기로 여겨지는 모양이군. 잠시 심호흡을 하고 긴장을 풀게. 자네 직업이 위기관리 전문가는 아니지 않은가? 자네 팀원들 역시 소방수는 아닐

테고. 그리고 들어보니 자네는 그 모든 위기상황을 다스려 나갈 만한 어떤 장악능력을 가지지 못한, 그저 상황의 희생자처럼 여겨지네. 나는 지난 몇 년간 뭔가 예상지 못한 일이 생기거나 내가 해결할 수 없는 일이 닥치면 자기 자신을 희생자로 생각하는 사람들을 많이 보아왔네. 그들은 자기 자신을 희생자로 합리화시키면서 자기가 성공하지 못하도록 막는 '거대한 음모'가 도사리고 있다고 생각하지.

그러나 실상을 보면 그들의 가장 나쁜 적은 바로 그들 자신일세. 나는 예상지 못한 일을 당하고도 아주 적극적으로 해결책을 찾고, 그 일을 성공적으로 다루는 놀라운 능력을 소유한 사람들 역시 많이 보아왔네. 제프, 자네가 해야 할 일을 이루는 데 방해하는 '거대한 음모' 따위는 없다네. 예상지 못한 화재는 계속해서 번져나갈 거네. 그러니 그것을 어떻게 진화해야 하는지 알아내는 게 급선무지. 자네의 선택은 자네를 희생자로 합리화시키거나 그것을 능동적으로 다루면서 앞으로 나아가거나 둘 중 하나라네. 미래의 성공은 결코 일회적인 사건이 아닐세. 그것은 봉우리와 계곡이 있는 지난한 과정이지. 계곡에는 희생자로 합리화시키는 무수한 덫이 숨겨져 있고, 그 덫에 걸리면 정상에 도달할 시간만 지연되는 거라네."

나는 수세에 몰린 목소리로 말했다. "무슨 말씀인지는 알겠습니다만, 사실 모든 사람이 그런 덫에 걸리지 않나요? 물론 저는 변명만 일삼는 사람이 되고 싶진 않아요. 하지만 제 주위에서 일어나는 일을 어떻게 해볼 도리가 제겐 없어요."

그러자 내 멘토는 즉각 대답했다. "때때로 자기 자신이 희생자처럼 여겨지는 건 자연스러운 현상이라고 할 수 있네. 하지만 말일세, 그 덫에 오래 걸려 있으면 자네는 결국 자네의 목표에 도달할 수 없지. 그러니 자네 스스로를 덫의 희생자로 합리화하지 말게나. 물론 그런 결정이 결코 쉽지 않다는 건 아네. 그러나 결국 자네가 선택해야 할 몫 아니겠는가? 앞으로 어떻게 해야 할지는 전적으로 자네 선택에 달렸으니, 자, 자네가 해결해야 할 불에 대해 그저 멍한 표정으로 지켜만 볼 텐가, 아니면 그 불이 더 이상 번지지 않도록 어떤 조치를 취할 텐가? 내가 기본적인 질문을 몇 가지 하겠네.

첫째, 왜 두 명의 결원이 생겼지? 왜 그 사람들은 그만두었나? 자네 팀의 모든 사람이 자기가 해야 할 일을 잘 알고 있다면 왜 일이 제대로 이루어지지 않는 것이지? 자네의 우선순위는 무엇인가? 잠깐, 지금 대답하지 말고 다음 주까지 잘 생각해보게나."

그리고 나서 토니는 주제를 바꾸었다. "자네, '굿바이 뉴욕, 굿모닝 내 사랑(City Slickers)' 이라는 영화를 봤나?"

"네, 클래식한 주제를 다룬 아주 재미있는 영화죠. 저도 때론 모든 것에서 벗어나기 위해 그 목장으로 달려가고 싶을 때가 있어요. 그 영화를 좋아하세요?" 나는 토니가 왜 영화 이야기를 꺼냈는지 궁금해하며 물었다.

토니가 대답했다. "물론이지. 그 영화에 나오는 모든 대사를 다 외울 정도라네. 사실 그 영화의 몇몇 장면이 내가 말하고자 하는 메시지를 담고 있다네. 내가 가장 좋아하는 역할은 컬리일세. 아주 깐깐하고 고집 센 노인으로, 잭 팰런스가 연기하지. 컬리는 아주 지혜로워서 자네와 똑같은 문제를 겪고 있는 미치에게 굉장히 값진 충고를 하네.

컬 리 이곳에 온 사람들은 모두 나이가 엇비슷하고, 고민하는 것 역시 고만고만하지. 1년 50주라는 시간 동안 인생이라는 밧줄에 무수한 매듭을 만들어놓곤 이곳에 와서 단 2주 만에 그 매듭을 다 풀려고 한단 말이야. 하지만 불가능하지. 자네, 인생의 비밀이 뭔지 아나?

미 치 아니요. 그게 뭐죠?

컬 리 바로 이거야.

미 치 손가락요?

컬 리 (깊은 목소리로) 한 가지라는 뜻이네. 딱 하나. 그 한 가지에

　　　집중하게. 나머지는 아무 의미도 없는 거야.

미 치 아주 멋지군요. 그렇다면 그 한 가지는 도대체 뭐죠?

컬 리 그건 이제부터 자네가 찾아야 하는 걸세.

한 가지를 찾아서 그것에 집중하라는 컬리의 충고가 위기관리 모드에서 자네를 벗어나게 해줄 수 있다고 나는 생각하네. 자, 이 영화가 나오기 훨씬 전에 내가 겪은 이야기를 하나 해주지." 토니가 계속해서 설명했다.

"팀원들에게 '핵심과업(the main thing)을 잊지 말라'고 매일같이 말하는 상관 밑에서 일한 적이 있었다네. 여기서 '핵심과업'이란 우리의 목적 혹은 최우선순위로 해야 할 일을 말하지. 결국 머그잔이나 마우스 패드, 노트마다 '핵심과업을 잊지 말라'는 문구를 새겨 넣었지. 그리고 우리의 목적과 우선순위가 우리 팀의 주문이 되었다네.

우리 상관은 우리를 볼 때마다 '자네, 핵심과업이 무엇인가?'라고 묻곤 했어. 그 물음 덕분에 팀원들은 다들 핵심과업이 무엇인지 늘 상기할 수 있었고, 그 핵심과업을 위해 개개인의 비전을 만들고, 또 서로 협력해나갔지. 리더십의 책

임이란 간혹 굉장히 막중할 수도 있다네." 토니가 설명했다.

"물론, 너무 많은 일이 여러 곳에서 한꺼번에 닥칠 때도 있다네. 그래서 사소한 일 가운데에서 중요한 과제를 골라내기가 어렵지. 그렇기 때문에 리더는 책임지고 핵심과업을 우선순위로 두는 일을 해야 하는 걸세. 그 순간, 모든 에너지와 집중력을 가지고 나아가야 할 방향과 목적이 정해진다네. 실제로 우리의 핵심과업은 세 가지였다네.

1. 팀원들이 성공할 수 있도록 필요한 도구를 주고 철저히 무장시킬 것
2. 고객에게 뛰어난 서비스를 제공하는 것
3. 수익을 창출하는 것

그리고 우리 상관은 누군가 우리에게 핵심과업 이외의 일을 하라고 요구해도 당당하게 거절할 수 있도록 든든한 버팀목이 돼주었지. 덕분에 우리 팀은 목표를 정확하게 이해하고 집중해서 일할 수 있었다네.

자네 팀원들이 각자 할 일을 잘 알고 있다고 말하지 않았나. 그렇다면 그들에게 '우리 팀의 핵심과업이 무엇인가?'라고 물어보게. 핵심과업에 대한 생각이 사람마다 굉장히

다를 걸세. 비용대비 효과창출이 핵심과업이라고 말하는 사람, 비용을 절감하는 일이라고 말하는 사람, 정시에 퇴근하는 게 핵심과업이라고 말하는 사람, 모두 제각각 일걸세."

"네, 아마 그럴 거예요." 나는 토니의 말에 동의하며 고개를 끄덕였다.

"자, 그렇다면 자네는 그들이 내린 핵심과업의 정의를 믿을 수 있겠는가?" 토니는 갑자기 나를 뚫어져라 쳐다보며 물었다. "내가 보기에 자네는 다른 사람의 이해력이 자네 기대에 부합하기를 바라고, 만일 그렇지 못하면 혼자 실망해버리는 것처럼 보이네. 팀원들에게 몇 가지 물어보게. 아마 뜻밖의 놀라운 대답들이 나올 거야."

그렇게 말하고 토니는 커피를 한 모금 마셨다. "다음 주에는 적절한 인재를 채용하는 게 얼마나 중요한지에 대해서 이야기해보세. 하지만 그 전에 팀원들이 무슨 이유로 일을 그만두는지 이해해야 하네. 짐작하건데, 몇 가지 그럴듯한 의견을 가지고 있겠지. 연봉이나 상사, 급여조정, 의료보험과 같은 여러 가지 요인 말일세.

그러나 지금부터 내 말을 잘 들어보게. 나는 자네가 명확하게 이해하길 바라네. 사람들은 보통 그런 일반적인 이유 때문에 회사를 떠나진 않네. 그런 이유 때문이 아니라, 자기 상사가 자기의 필요를 채워주지 못하기 때문이지. 사람들은 회사를 그만두기 전에 먼저 사람을 포기한다네. 자네 팀에서 그만둔 사람이 그렇다고 단언하는 건 아니야. 하지만 대부분의 경우, 사람들이 일을 그만두는 가장 큰 이유는 바로 상사 때문이라는 사실을 말하려는 것일세."

토니의 말은 듣기 고통스러웠지만, 지금까지의 경험에 비추어볼 때 옳은 말이라는 것을 잘 알고 있었다. 그러나 사실, 나는 우리 팀의 두 사람이 실제로 나를 포기해서 떠났다고는 전혀 생각해보지 않았다.

"상사 이야기가 나와서 하는 말이지만, 자네는 카렌이 요구사항이 많다고 했지? 그러나 사실 그게 꼭 나쁜 것만은 아니네. 그보다 훨씬 나쁜 유형의 상사에 관한 이야기도 많다네. 자네와 카렌과의 관계는 어떤지 어디 한번 설명해보게나."

"글쎄요, 사실 우리는 의사소통을 자주 하지 않는 편이에요. 월례회의 때 한 번 만날 정도? 카렌은 성과중심적인 사고를 가지고 있기 때문에 늘 많은 걸 요구하는 편이죠. 각종 보고서나 자료처럼 형식적인 것까지 많이 요구하기 때문에 일하는 데 방해가 된다고 생각해요."

"그렇다면 자네가 카렌에게 바라는 게 있다면 무엇인가?" 토니가 물었다.

"더 훌륭한 리더가 되었으면 하는 거죠. 시간을 내서 저도 만나주고 팀을 위해서 적절한 포상을 해주고, 저와 충분히 의사소통해서 제가 업무를 잘 해내도록 도와주어야 한다고 생각해요. 결국 제 멘토가 되어주어야 하죠. 그런데 카렌은 전혀 그렇지 않아요. 오직 보고서나 성과에만 관심이 있는 거 같아요."

"자네 말대로 그런 지위라면 더 나은 행동을 할 수 있을 텐데 안타깝군." 토니가 말했다. "하지만 카렌이 자네의 기대치에 얼마나 잘 부합하는지에 상관없이 자네에겐 역시 열다섯 명의 팀원이 있고, 자네가 카렌과 얼마만큼 긍정적인 관계를 맺는가에 따라 그들과 그런 관계를 만들 수 있네. 자네의 일은 자네 팀에서 일어나는 일을 상사에게 보고하고 목표를 달성하는 것일세. 그건 선택사항이 아니지. 자네가 성공하기 위해서, 그리고 팀원들이 성공하는 데 반드시 필요한 도구를 주기 위해서는 자네와 카렌이 서로 도와야 하네. 그 내용이 무엇이든 상관없이 말일세."

나는 토니의 말을 아주 분명히 이해할 수 있었다. 토니는 어설프게 설명하는 법이 없었다. "카렌과 긍정적인 관계를 형성하지 못한 책임이 카렌에게 있다고 생각하는 이유를 이해하네. 자네 말이 맞네. 그러나 상사가 그렇게 하지 못한다면, 그렇게 할 수 있도록 변화시키는 것 역시 자네가 할 일이 아닌가. 잘 새겨듣게. 나 역시 이런 교훈을 아주 힘들게 얻었으니까. 만일 카렌과의 의사소통을 제 1순위로 한다면, 그녀와의 관계는 분명 개선될 것이고, 자네 역시 더 나은 결과를 얻을 것일세."

"많은 것을 생각해봐야 할 것 같네요." 나는 대답했다.

"하지만 이건 단순히 출발에 불과하네. 상사와의 관계를 소절해나가는 것 역시 자네의 팀을 이끌어가는 것과 똑같아야 한다는 것을 명심하게. 자네는 카렌에 대한 자네의 태도와 행동을 조절해야 하네." 토니는 설명했다.

"물론, 자네가 상사의 행동까지 바꿀 수는 없겠지. 하지만 상사에 대한 자네의 태도와 상사를 다루는 방법을 바꿀 수는 있잖은가. 나는 자네가 팀을 꾸려나갈 때와 똑같은 방식으로 카렌과의 관계를 개선하는 데 시간과 에너지를 더 쏟았으면 좋겠네.

실제로 그녀가 너무 많은 것을 요구하거나 다그친다고 해도 그녀는 상사이기 때문에 자네에게 어떤 결과를 독촉할 수 있다네. 또 그게 필요하고 말일세. 그게 그녀가 할 일 아닌가. 자네가 목표를 달성하도록 돕는 일이라면 카렌이 뭐든 할 거라고 나는 생각하네. 그래야만 그녀 역시 자기 목표를 달성할 수 있을 테니 말일세. 물론, 자네의 목적은 그녀의 목적과 똑같네. 만일 그녀가 자네 아랫사람이라고 생각해보게. 자네라면 그런 상황을 어떻게 해결하겠는가?" 토니가 물었다. 물론 그는 이 물음에 대한 답을 이미 알고 있었을 것이다.

"자, 그녀가 자네에게 요구하는 게 무엇인지 알아내고, 자네가 필요로 하는 도움이 무엇인지 그녀에게 말하게. 자네는 카렌의 핵심과업이 무엇인지 아나? 반대로 그녀는 자네의 핵심과업이 무엇인지 아나? 각자의 핵심과업을 달성하기 위해 서로 돕고 함께 할 수 있는 일이 무엇인지 알기 위해서는 우선 만나야 하지. 만일 자네가 그녀에게 그렇게 물으면, 그녀는 아마 자네가 그런 상황을 수월하게 처리할 수 있도록 기꺼이 도와줄 걸세.

그러나 카렌은 자네가 어떤 도움을 필요로 하는지, 혹은 그녀가 어떻게 도울 수 있는지 모를 수 있다네. 그러니 그녀에게 확신을 주고, 그녀와의 관계를 최우선순위에 두게. 그녀는 분명 자네와 대화하는 것을 환영할 걸세."

토니는 나와 카렌과의 관계개선에 상당히 신경 쓰는 눈

치였다. 나 역시 그의 충고를 실행해보겠다고 마음먹었다.

"그래, 수업시간이 거의 끝나가는군. 다음 주 월요일까지 무엇을 다르게 시도해보겠나?" 토니가 물었다.

"우리 팀의 핵심과업이 무엇인지 팀원들이 아직 모르고 있다는 지적은 맞아요." 썩 달갑진 않았지만, 나는 솔직히 인정했다. "사실, 저 역시 핵심과업이 무엇인지 잘 모르거든요. 그래서 첫 번째로 핵심과업이 무엇인지를 따져보고, 팀 회의를 소집해서 그 문제에 대해 의견을 나눌 작정이에요.

그 다음엔 카렌과 만나서 그녀의 핵심과업을 달성하는 데 제가 무엇을 도울 수 있는지 찾아야죠. 비록 그게 제 업무가 아니라는 생각이 들어도 말이에요. 할 수 있는 한 최선을 다해서 제 상사와 긍정적인 관계를 맺으려고요. 사실, 우리 팀은 더 집중할 필요가 있거든요." 나는 덧붙여 말했다.

"어떤 목적의식에 따라 행동하기보단 대개 상황에 휘둘려서 휩쓸려 다니기 일쑤였거든요. 토니, 당신의 질문에 대한 답을 열심히 찾아볼 게요. 팀원 두 명이 그만둔 게 제 탓은 아닌 것 같지만, 그 여지에 대해서도 생각해볼 참이에요." 나는 토니와 함께 서재를 걸어 나오면서 결론을 맺었다.

토니의 집을 나서는데 그의 말이 머릿속에서 떠나지 않았다. "핵심과업이 뭐지? 두 명이 그만둔 이유는? 왜 다들 화재대피 훈련이나 하고 있는 것인가?" 이것이 바로 다음 주 월요일까지 해결해야 할 과제였다.

- 핵심과업이 무엇인가? 핵심과업에 대한 생각은 팀원들마다 각각 다를 수 있다.

- 사람들은 회사를 그만두기 전에 사람을 먼저 포기한다.

- 나는 팀을 끌어나가는 데 투자하는 에너지와 시간만큼을 상사와의 관계를 만들어나가는 데 투자한다.

- 나는 핵심과업에 더 집중해야 한다.

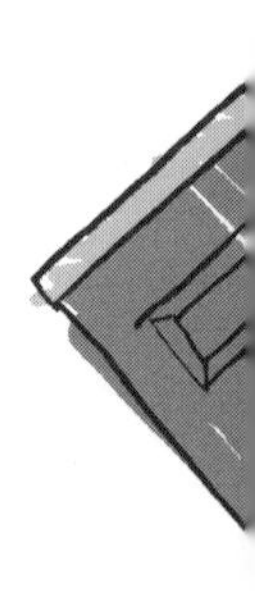

chapter 3

관리자 세상에서 벗어나라

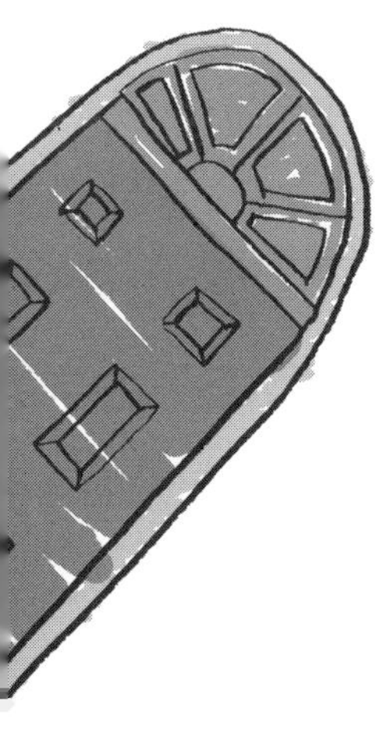

"안녕하세요, 제프"

토니는 여느 때와 마찬가지로 말쑥한 차림을 하고 현관
에서 나를 맞아주었다. 벌써 세 번째 월요일 만남이었다.
"시간을 정확히 맞춰서 왔군. 기분도 지난주보단 훨씬 좋아
보이고. 자네 일이 조금씩 좋아지고 있다는 증거겠지?"
"지난주에 내주셨던 세 가지 질문에 대해서 곰곰이 생각
해봤어요." 나는 모든 걸 솔직히 말했다. "사실, 저는 문제
가 무엇인지도 모르면서 혼자 절망하고 실망하고 있었던 것
같아요. 문제를 해결하려는 노력은 하지 않으면서요. 지난
주 수업 덕분에 이번 주는 기분이 한결 낫네요."

토니는 머그잔 두 개에 커피를 담아서 서재로 나와 다른
때처럼 흔들의자에 앉았다. 나는 계속해서 말했다.

"우선, 저는 그만둔 직원들 문제를 진지하게 검토해보았어요. 먼저 제니와 채드의 사직서를 봤죠. 두 사람은 지난 두 달 사이에 회사를 그만두었죠. 예상대로 사직서엔 특별한 사유가 없었어요.

사실, 두 사람에 대해 전혀 모르는 상태에서 사직서를 읽었다면, 둘 모두 아주 만족스럽게 직장생활을 했을 거라고 여길 정도였죠. 사직서 파일을 제쳐두고, 저는 팀원들에게 묻기 시작했어요. 다들 처음에는 한때 동료였던 사람에 대해 말하기를 꺼려하더라고요. 하지만 그중에서도 마이클이 몇 가지 흥미로운 이야기를 해주었어요. 마이클 말에 의하면, 그들은 정말로 회사를 그만두고 싶어 하지 않았다는 거예요. 그들은 회사에서 일어나는 일에 불만을 가지고 있었데요. 게다가 둘은 일을 그만두기 직전에 연봉이 올랐다고 하더군요.

말하자면 그들은 단순히 연봉 때문에 회사를 그만둔 게 아니었어요. 지난주에 그런 말씀을 하셨잖아요. 사람들이 직장을 떠나는 이유는 상사가 자기들의 만족감을 채워주지 못하기 때문이라고요. 그 말이 귓가에서 자꾸만 맴돌았어요. 전 그때까지도 그들이 회사를 그만둔 이유가 회사 사정 때문일 거라고 지레 짐작하고 있었거든요. 저 때문이라거나 제가 일처리 하는 방식 때문에 회사를 그만두지는 않았을 테고, 달리 특별한 사정이 있을 거라고 생각했죠.

하지만 그렇게 짐작하는 것만으론 결론을 내릴 수가 없어서 직접 채드와 제니를 찾아갔죠. 당신이 원하는 해결방식 역시 그런 게 아닐까요? 아무튼 그 두 사람을 각각 만났어요. 더 이상 팀원이 아니기에 진실을 감출 만한 이유는 없었죠. 그냥 솔직히 말했죠. 제가 직접 찾아와서 회사를 그만둔 이유를 묻자 그들은 놀라는 눈치였어요. 그리고 기대 이상으로 마음을 열고 대화했고요.

정말이지 저는 두 사람의 이야기를 듣고 직잖은 충격을 받았어요. 그들은 처음엔 머뭇머뭇하더니 금세 솔직히 다 털어놓더군요. 전 그들이 회사를 떠난 게 아니라 상사인 바로 저를 떠났다는 걸 알았죠. 당신이 말했던 것처럼 제가 그들의 요구사항을 만족시키지 못했던 거예요. 그들을 만나서 이야기한 후로 저는 제가 그들에게 만족감을 주지 못한 게 무엇인지 알아내기 위해 여러 날 동안 생각해야 했어요. 크게 세 가지로 압축되더군요.

첫째, 유능한 직원을 채용하는 문제였어요. 그들은 제가 더 나은 선택을 하지 못했다고 했어요. 특히 직원을 채용하는 문제에서 냉철하지 못했다고 하더군요. 둘 중에 하나는 누군가 '그럴듯하게 자기를 포장하는' 사람이 있다면, 저는 깜빡 속아 그 사람을 채용할 거라고 말했어요. 한편, 제니는 그러더군요. 제가 말로는 팀원들이 얼마나 중요하지 강조하지만, 실제로 그 말을 실천으로 보여줘야 할 때는 그냥 자리를 채우는 정도로 사람을 채용한다고요."

토니는 내 말에 별로 놀라는 눈치가 아니었다. 어쩌면 내가 어떤 이야기를 듣게 될지 그는 이미 알고 있었던 듯했다.

"문제는 제가 유능한 팀원들에게는 더 많은 일을 시키는 반면, 그렇지 못한 팀원들에게는 일을 별로 시키지 않았다는 거예요. 채드는 '팀원 중에는 유능하기 때문에 혹사당한다고 생각하는 사람이 몇몇 있다'고까지 말하더군요. 솔직히 저는 그들의 말을 믿을 수 없었어요. 설마 제가 유능한 팀원에게 업무를 많이 할당하고, 업무를 수행하는 능력이 떨어지는 팀원에게는 일을 적게 주었을까요? 어쨌든 전 그렇게 생각하지 않는데, 그들은 그렇게 생각하고 있었어요. 그리고 그것이 둘이 회사를 그만둘 충분한 명분을 만들어준 셈이고요.

둘째, 모든 팀원이 더 발전할 수 있도록 코칭하는 문제였어요. 두 사람과 헤어지고 난 후 저는 제 자신에게 화가 나서 견딜 수가 없었어요. 가장 유능한 직원이라고 여겼던 사람들에게 적절한 피드백과 방향을 제시해주지 못했던 거니까요. 그 친구들 이야기가 무슨 뜻인지 잘 알아요. 정말이지 저는 유능한 팀원들은 피드백이 없어도 즐겁게 일하는 줄로만 알았거든요. 그러니 자기들이 뭘 요구하는지 관심을 기울이지 않는 저 같은 관리자에게 실망했겠죠. 그래요, 저는 그들을 당연한 존재로 생각했고, 또 내게서 뭔가를 배우고자 하는 그들의 욕망을 철저히 간과했어요. 솔직히 그들에게 줄 수 있는 게 그리 많지 않다고 생각했죠.

하지만 그들이 진정 원했던 것은 업무를 제대로 해냈을 때 인정해수는 것이었다는 걸 뒤늦게 알았죠. 그리고 다른 한 가지 놀라운 사실은 제가 간과한 것 이상으로 그들은 팀의 일에 공헌하고 싶어 했다는 것이에요. 그게 제 자신에게 화가 난 가장 큰 이유죠. 제니와 채드는 함께 일했던 직원 중에서 당연 최고였어요. 하지만 저는 그들이 가진 능력을 최대치로 끌어내지 못했죠. 그들은 팀을 위해 더 많은 일을 할 수 있었고, 게다가 기꺼이 자기 능력을 발휘할 준비가 되어 있었는데도 말이에요.

셋째, 자기 업무를 제대로 수행하지 못하는 사람을 해고하는 문제였어요.

첫 주에 제가 직원들의 업무수행상 문제점을 그냥 모르

는 척 넘겼다는 이야기를 한 적이 있었죠. 그런데 그런 문제가 나머지 팀원들에게 영향을 끼쳤던 모양이에요. 제니는 부정적이고 냉소적인 팀원 하나가 팀 전체를 그렇게 바꾸어 버렸다고 말하더군요.

팀원들은 제가 그 문제를 해결해주길 바랐지만, 제가 덮어두고 넘어갔다는 거예요. 결국 제가 한 일은 아무것도 없었다는 이야기죠. 두말할 필요 없이, 전 제니와 채드를 만난 후에 참담하리만치 비참해지고 말았어요. 그러면서도 한편으론 안심이 되더군요. 최소한 지금은 유능한 팀원을 잃지 않으려면 무엇을 어떻게 해야 하는지 알게 되었으니까요."

토니는 고개를 끄덕였다. "자네는 나를 실망시키지 않았군. 아주 훌륭한 분석이고, 좋은 태도야. 미래를 위해서는 바람직한 방향이지. 그래, 지난주에 했던 질문은 어떻게 되었는가? 답은 찾았나?"

"세 가지 질문 중 두 가지를 하나로 만들었어요. 우리 팀의 핵심과업－중심목표는 무엇인가?" 나는 매우 기쁜 마음으로 대답했다. 그 주 월요일 미팅 전에 이미 토니에게 보여주어야 하는 일을 다 마쳤기 때문이었다.

"수요일에 팀회의를 소집해서 팀원들에게 질문지를 주고

작성하도록 했죠. 질문은 딱 하나였어요. '우리 부서의 핵심과업은 ＿＿＿＿ 이다.' 팀원들의 답을 보니 당신이 말한 그대로더군요. 핵심과업이 무엇인지 아는 팀원이 아무도 없더라고요. 다들 답을 썼지만, 일치하는 것은 하나도 없었죠. 그 설문을 통해서 저는 비로소 깨달았죠. 우리의 기대나 목표가 분명히 정해져 있기는커녕, 같은 팀으로 일하면서도 팀의 가장 핵심적인 사명조차 혼동하고 있다는 사실을 말이에요. 정말이지 그 일은 제게 너무 귀중한 경험이었어요. 이제 우리 팀은 핵심과업을 정하고 이해해야 하는 과제가 생겼어요. 하지만 다들 지금까지 해오던 방식을 유지하는 게 편하다고 생각하고 있어서 쉽지만은 않을 것 같네요."

토니는 고개를 끄덕였다. "어쨌든 우리는 계속해서 앞으로 나가야 하네. 그리고 어디로 가는지 알아야 하고. 그게 핵심과업을 정하는 이유지. 그리곤 어떤 일을 했지?"

"당신이 제안한 대로 카렌과 면담을 했어요. 생각보다 너무 수월하게 진행되어서 사실 저 역시 좀 놀랐죠. 그녀는 제가 먼저 면담을 신청해준 것에 대해서 아주 고마워했어요. 물론 아직 갈 길이 멀지만 먼저 우리 둘의 관계를 개선시키는 일부터 하기로 했죠.

그리고 이번 주엔 기분이 아주 좋아요. 비로소 깨달은 게 있거든요. 제가 통제하고 해결할 수 있는 일이 있더라고요. 저와 팀원들이 좌절한 여러 가지 문제를 제가 통제할 수 있다는 사실을 안 거죠. 지난주에 여기저기에서 불이 붙는다고 불평을 했었잖아요. 그런데 알고 보니 제가 그 불에 기름을 붓고 있지 뭐예요? 비록 팀원들이 써낸 답변 때문에 지금까지 품었던 자긍심이 한꺼번에 무너지긴 했지만, 사실 기분은 아주 좋아요. 이제 뭘 해야 할지 알 것 같아요. 그 일을 할 수 있는 사람은 제 자신이라는 것 역시 말이에요.”

“대단하네, 제프” 토니가 큰 소리로 말했다. 그러나 놀라는 기색은 전혀 없었다. “자넨 이번 주에 아주 많은 것을 얻었고, 또 발전했군. 자네가 아주 자랑스럽네. 그런데 자네는 혼란을 제거하는 게 리더의 ‘핵심과업’ 중 하나라고 생각하는 것 같군. 그런 혼동은 팀을 마비시킬 수도 있지. 공포나 우려, 흐릿한 비전으로 이어지니 말이야.

팀원들이 혼란스러워하면 업무상 사기를 진작시키는 게 얼마나 어려운지를 나는 아주 오래전에 배웠다네. 리더십의 핵심은 팀을 위해 날카롭고 정교한 집중력을 만들어내고 유지하는 것일세. 물론 그렇게 하는 게 말처럼 그리 쉬운 건 또 아니라네.” 토니는 설명했다.

"오늘날처럼 아주 빨리 변하는 경제환경은 유연성 있는 조직을 요구하네. 시장의 조건이나 기술적인 혁신 등 여러 가지 변화에 쉽게 적응할 수 있는 조직을 요구한단 말일세. 하지만 다른 한편으로 그런 변화는 집중력을 흐트러뜨리지. 간혹 무리한 업무를 수행하거나 급한 불을 끄느라 급급하기도 하고 말이야. 솔직히 리더에게 좋은 상황은 아니라네. 물론 팀원 역시 마찬가지일거야."

나는 토니의 강의 스타일이 마음에 쏙 들었다. 아주 조그만 '조각' 으로 잘라서 그것을 잘 소화할 수 있게 한 다음, 더 큰 개념으로 도약하는 방식이었다.

"자네가 집중력을 잃으면 자네 팀 역시 방향을 못 잡고 이리저리 휩쓸리게 되지. 도대체 자기들의 에너지와 업무 방향, 관심을 어디로 향해야 할지 모른 채 말일세. 이런 혼돈과 복잡성은 바로 불만족과 좌절로 이어진다네. 자네도 이미 경험해서 잘 알걸세. 그런데 진실은 이렇네. 변하는 환경 속에서 팀의 방향과 집중력을 유지해야 하는 책임은 사실 팀원들이 아니라 리더가 가져야 한다는 점이지."

내 멘토인 토니는 내 보고서와 태도에 아주 만족스러운 표정을 지으며 말을 했다. "팀 안에서 일어난 혼란을 무시해 버리는 것, 그것이 대다수 관리자가 빠지기 쉬운 함정이지." 그가 말했다. "나는 이 함정을 '관리자 세상(management land)' 이라고 부른다네. 모든 일에는 보이는 것과 다른 면이 있지. 이 관리자 세상의 특징은 한번 빠지면 빠져나오기가 여간 힘들지 않다는 것이네."

내가 알 수 없는 표정을 짓자 토니는 아주 자세하게 설명하기 시작했다.

"관리자 세상에서는 언제나 일이 바쁘기만 하지. 그래서 특별히 주의하지 않으면 서류더미가 일의 우선순위가 되어 버린다네. 서류작업이 관리자 세상에서 모든 것을 지배하게 되는 것일세! 사람들은 서류더미에 묻혀서 그걸 처리하느라 바쁘고, 서류작업을 다 마치면 그날의 업무성과가 아주 훌륭했다고 착각하지. 그리고 관리자 세상에서는 간단한 일들이 종종 복잡하게 되기도 하고, 사람들은 쉽게 초점을 잃기도 한다네. 이제 관리자들은 쏙 빠져서 다른 사람들이 하는 일을 보고만 있지. 관리자 세상이 되면 직원들은 포상을 받기 위해 관리자가 듣고자 하는 말만 하네. 욕심은 커지고, 진실은 멀어지는 거지.

관리자 세상 밖에 있는 사람들에게 관리자 세상은 혼란이나 좌절, 때로는 코미디로 비쳐진다네. 많은 리더가 팀과의 업무관계 없이 관리하는 임무에만 몰두해 있기 때문에 그들은 목표를 이룰 수 없지. 아무리 명민하고 교육을 잘 받고 안정된 직위를 가지고 있어도, 만일 자네가 관리자 세상에서 빠져나와 팀원들과 접촉하지 않는다면 자네는 결국 실패할 걸세. 리더가 모든 의사결정권을 독점하고, 관리자 세상에 머물면서 '혼자서 해결'할 수 있다고 생각한다면, 최상의 결과는커녕 초라한 성적표만을 받는 것이지."

토니는 분명하게 설명했고, 나는 간단히 메모하면서 그의 말을 따라가려고 노력했다. "자네는 이번 주에 관리자 세성을 빗어나 딤원들과 직접 접촉해야 한나는 것을 배웠네. 성공적인 리더십을 가지려면 진실한 피드백을 얻고 전적인 지지를 받을 수 있는 팀을 만들어야 하네. 물론 그런 팀을 만들기는 쉽지 않네. 그러려면 관리자 세상의 안락함을 버리고, 자네의 팀원들이 지속적으로 피드백을 주도록 만들어야 하지.

제니와 채드는 의사결정을 하면서 자네가 그들을 포함시키지 않아서 실망했다고 했지. 그들처럼, 팀원들은 대부분 업무를 개선시키는 데 주도적인 역할을 하고 싶어 하네. 하지만 자기들의 노력이 상사에게 그리 중요한 것처럼 여겨지지 않는다고 느끼면, 그들은 침묵할 것일세. 그건 직접 차를 소유하는 것과 렌트하는 것의 차이라고 할 수 있지. 자기 차를 다룰 때와 렌트한 차를 다룰 때, 사람들은 완전히 다르다네. 물론 렌트한 차에도 충분한 관심을 기울일 순 있지만, 그 차에 대한 주인의식은 없지 않나. 자네는 렌트한 차를 세차한 적이 있는가?” 토니는 비유적으로 내게 물었다.

“주인의식을 가지고 팀의 의사결정에 참여하면 사람들은 전혀 다른 태도와 반응을 보이지. 관리자 세상에서 탈출할 때에는 어떤 고통이 수반될 것이네. 지금까지 익숙했던 것, 안락했던 것과 결별해야 하니까 말이야. 그렇지만 관리자 세상에서 벗어나는 것은 그만큼 가치가 있다네. 사실, 오랫동안 지속되는 리더십은 관리자 세상을 박차고 나오지 않으면 결코 가능하지 않다네. 제니와 채드가 자네에게 바란 것은 아주 간단한 일이지. 바로 유능한 팀원을 채용할 것, 모든 팀원이 더 발전할 수 있도록 코칭할 것, 자기 몫을 제대로 하지 못하는 팀원은 해고할 것일세. 그들이 자네에게 원한 것은 바로 관리자 세상에서 벗어나 팀에 더 많은 관심을 기울이라는 것이지 않은가. 그리고 보면 제프, 실질적으로 그들의 기대는 자네에게 아주 훌륭한 충고가 된 셈이로군.”

토니는 계속해서 말을 이어갔다. "사람들은 성공하는 팀에 속하는 걸 원하네. 그런데 그 전에 그 팀에는 유능한 승자가 있어야 한다네. 뭐든지 완벽하게 맞아떨어지는 세상이라면 최고의 욕망과 능력을 가진 사람들로만 팀을 구성할 수 있겠지. 하지만 현실에선 사람들이 저마다의 몫을 공평하게 나누어서 실행하지 않는다네.

자, 이렇게 생각해보세. 어느 팀에든 세 가지 유형의 직원들이 있네. 슈퍼스타*super star*, 미들스타*middle star*, 그리고 폴링스타*falling star*. 우선 슈퍼스타는 지식과 경험이 뛰어나고, 자기 분야에서 최고가 되고사 하는 욕망을 가진 사람이라네. 아마 자네 팀의 10~20%가 여기에 해당할 걸세. 그게 누구인지는 자네가 잘 알고 있을 테지. 간혹 이런 사람이 30%에 육박하는 경우가 있다네. 그들은 자네가 원하는 모든 일을 척척 해결하지."

나는 고개를 끄덕였다. "우리 팀의 슈퍼스타가 누구인지는 잘 알죠."

"물론, 자네는 그보다 더 많은 수의 슈퍼스타가 있기를 바라겠지. 하지만 그들은 더 많은 책임을 져야하는 직위로 승진을 하네. 뭐, 당연한 일이지. 자네 팀의 슈퍼스타는 지속적으로 특출한 업무성과를 낼 걸세. 절대 그들을 간과하지 말게. 어떤 조직에서는 슈퍼스타가 '보상'을 받기는커녕 반대로 '방치' 된다네. 자기 몫을 제대로 수행하지 못하는 다른 팀원의 몫까지 대신해야 하기 때문이지. 별로 좋은 경우가 아니네.

두 번째 그룹은 미들스타일세. 아마 자네 팀의 절반을 차지하고 있을 거야. 그들은 슈퍼스타의 성과에는 약간 미치지 못하지. 이전에는 슈퍼스타였지만, 어떤 이유에선지 최고가 되려는 동기를 상실한 사람도 여기에 속하네. 물론 이런 미들스타는 미래에 슈퍼스타가 될 수 있어. 하지만 반대로 더 추락할 가능성 역시 가지고 있지.

미들스타의 업무수행력은 아주 다양하네. 자네의 기대치 이상을 만족시키기도 하고, 미치지 못하기도 할 걸세. 하지만 여기에 아이러니가 있다네. 자네 팀에서 가장 큰 비율을 차지하는 미들스타 그룹이 바로 팀을 받쳐주는 척추와 같은 존재라는 사실이지. 이 그룹의 업무수행력을 향상시킨다면 자네는 크게 성공할 수 있을 걸세. 그들은 늘 눈을 크게 뜨고 자네를 주시하네. 자네가 슈퍼스타를 어떻게 대하는지 지켜보고, 자네의 행동에 따라 슈퍼스타가 될 것인지, 그만한 대가를 지불할 것인지 결정한다네.

마지막으로 폴링스타가 있네. 이 부류에 속한 사람들은

할 수 있는 일만 대충 설렁설렁하네. 이 그룹은 아주 작지만 팀 전체에 미치는 영향은 엄청날 수 있다네! 그들은 맡은 일을 제대로 실행하지 않지. 사실, 자기 업무만 하지 않는 게 아니라 능력 있는 직원들이 업무를 수행하는 데 방해가 되기도 한다네. 그러니 성공적인 리더가 되기 위해 자네는 이런 폴링스타를 굉장히 주의 깊게 다루어야 할 걸세. 자기의 현재 업무에 적합하지 않는 폴링스타, 팀 전체에 부정적인 영향을 주는 폴링스타는 자네 팀을 파괴할 걸세."

토니는 힘을 주어 설명했다. "그러니 자네는 팀의 성공을 방해하는 그린 장애물을 없애야 하네. 그건 어디까지나 자네의 책임이지. 그리고 만일 자네가 경쟁력 없는 직원의 문제를 겉으로 공표하고 싶지 않다면 누가 경쟁력이 없고, 누가 제대로 못하고 있는지를 재평가할 필요가 있을 걸세. 만일 제니와 채드가 지적했던 것처럼, 자네가 팀의 슈퍼스타에게 더 많은 업무를 안겨준다면 그들이 계속해서 슈퍼스타로 남는 것은 기대할 수 없다네. 물론 업무가 과중하지만 항상 슈퍼스타 상태를 유지하는 사람도 있네. 하지만 그들을 제외한 나머지는 계속해서 부과되는 업무에 대한 부담 때문에 머잖아 미들스타로 추락하고 말 걸세. 자, 이 표를 한번 보게나."

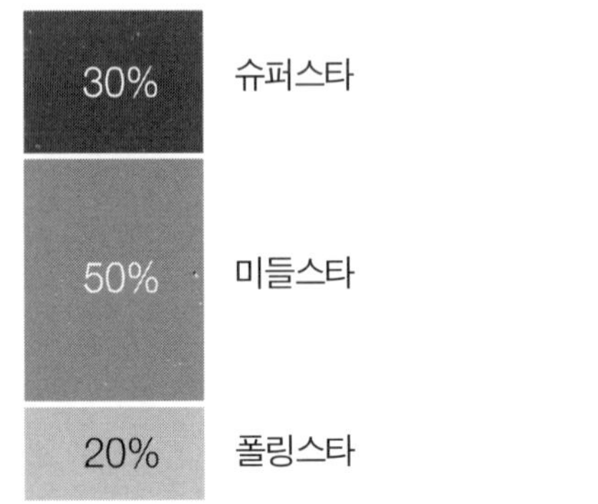

토니는 이렇게 말하곤 종이를 한 장 꺼냈다. "제프, 이 표에서 제시한 업무수행 수준에서 자넨 어디까지를 용납할 수 있겠는가?"

"물론!" 나는 대답했다. "아주 간단하죠. 최소한 여기 미들스타 50%까지입니다."

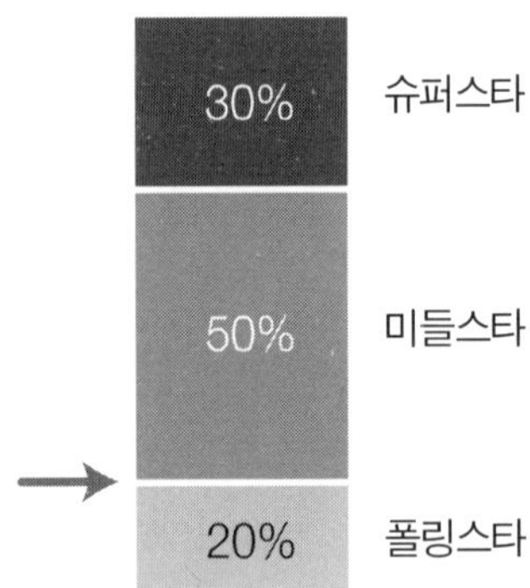

"아니네, 제프. 자네가 인정해야 하는 업무수행 수준은 사실 맨 아래 20%라네."

토니가 화살표를 정정하며 말했다.

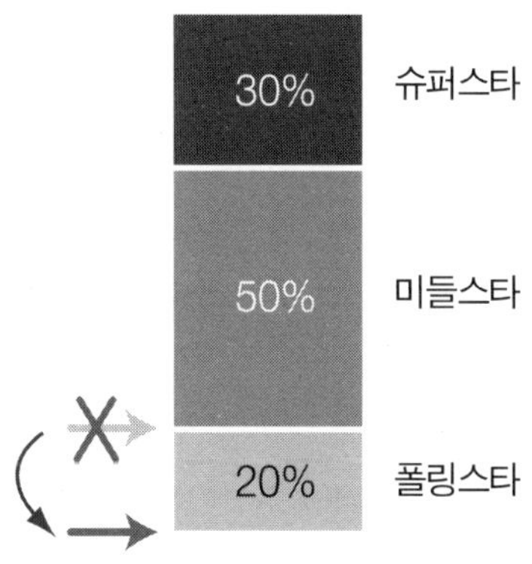

"자네도 알다시피, 자네 팀원들의 대부분은 아직까지 표 맨 아래에 해당한다네. 그건 자네가 그들의 업무수준을 용인하고 있다는 이야기지. 사실, 자네 주위에 있는 사람들을 포함한 많은 관리자가 폴링스타의 업무성과를 잘 알고 있으면서도 그들의 업무를 줄여주는 것으로 오히려 과분하게 보상해주고 있지. 만일 이런 식으로 관리한다면 최저 범주로 처질 사람들이 더 많아질 걸세. 일을 적게 해도 그런 보상을 받을 수 있다는 걸 금방 알게 되거든. 가능하다면 그러고 싶

은 게 인간의 본성이라네. 한편, 자네 역시 상사가 마감에 쫓겨 어떤 프로젝트를 빨리 끝내야 할 경우에 추가업무를 해야 할 경우가 있을 걸세. 물론 그 상사는 자네를 남용하려는 의도를 가지지 않았을 거야. 하지만 자네는 그렇게 느낄 수가 있지. 자네 팀의 슈퍼스타를 남용해서 그들을 평범한 직원 수준으로 끌어내리는 일을 절대 하지 말게. 지금은 업무수행 능력이 떨어지는 직원의 업무수행 기준을 낮춰줄 때가 아니네. 오히려 슈퍼스타의 업적을 인정해주고 보상해주는 것으로 기준을 더 높여야 할 때지."

나는 다시 한 번 고개를 끄덕이며 토니의 말에 수긍했다.

"그저 관리자 세상에 숨어서 업무수행 수준의 문제를 무시하면서 자네 팀의 슈퍼스타가 오랫동안 자네 곁에 머물기를 바랄 수는 없는 일이라네." 토니는 이 점을 굉장히 강조했다. "그리고 그게 제니와 채드가 자네에게 하고 싶었던 말이라고 생각하네. 바로 모든 팀원을 코칭하고 자기 몫을 제대로 감당하지 못하는 사람을 과감하게 내치는 것 말일세."

"하지만 토니, 사람을 해고하는 건 너무 힘들어요." 나는 나를 위해 변명하고 있었다. "너무나 많은 정책이 있고, 그 과정 자체 역시 시간이 오래 걸리고, 게다가 그런 문제를 야기하는 게 과연 가치 있는 일인지 확신도 서지 않아요. 토니

당신이 큰 기업에서 일했던 때와는 달리 아주 거칠 수도 있거든요. 한 사람의 폴링스타를 해고하기 위해 팀원 전체가 한꺼번에 장애물 경기를 하듯 뛸 순 없는 거 아닌가요?”

“나는 해고가 쉬운 일이라고 말하지 않았네, 제프. 내가 말한 건 사람들이 더 이상 일에 집중하기를 멈추고 흐지부지 회사를 다니는 것을 그대로 방치하면 언젠가 더 큰 대가를 치르기 마련이라는 것일세. 그런 직원이야말로 최악의 직원이라고 할 수 있지. 정신은 딴 데 두고 매일 몸뚱이만 왔다 갔다 하는 직원들이 있지 않나. 실제로 내가 왕성하게 활동할 때에도 직원을 해고하는 일은 쉽지 않았다네. 그때나 지금이나 직원을 해고하는 데는 엄정한 규칙이 적용되지. 직원을 해고할 때는, 물론 공정하고 일관성을 유지해야 하지만, 이미 정해진 규칙을 무시하고 행동하는 직원을 그냥 놔둘 수도 없잖은가? 자네가 규율을 세우는 데 제대로 역할을 했다면, 그 다음엔 인사부서의 도움을 얻을 수 있을 걸세. 자네에게 피드백을 주는 것은 물론 자네의 판단에 합리적인 근거를 대주지. 인사부서를 가장 힘들게 하는 것은 바로 두 달 전에 높은 업무성과 점수를 받은 사람을 해고하려는 특정 부서의 상사지.” 토니가 설명했다.

“실제로 그런 경우를 본 적이 있네. 그러나 특정부서의 상사들은 인사부서가 자기의 의사결정을 실행하기 힘들게 한다고 불평하곤 하지."

"저도 그런 경우를 알아요." 내가 그런 경우에 해당하는 사람처럼 죄의식을 느끼지 않으려고 애쓰면서 나는 말했다. "하지만 저는 폴링스타를 훌륭히 코칭해서 바꿀 수 있고, 그들이 하위수준으로 떨어지지 않게 할 수 있다고 자신했던 것 같아요."

"물론 자네가 슈퍼스타로 만들 수 있는 사람이 있을 걸세." 토니는 내 말에 동의하며 말했다. "하지만 말이야, 그렇게 장기적인 '변화'에 얼마만큼 투자할 수 있을지 미리 결정해야 하네. 물론 직원을 더 나은 슈퍼스타로 만드는 데 노력을 기울이지 말라고 겁주는 것은 절대 아니네. 하지만 이것은 기억해주게나. 만일 업무를 하면서 필요한 규칙을 확립시키는 등 자네가 해야 할 일을 다 했는데도 업무수행 능력이 떨어진다면, 거기에는 다른 이유가 있다는 것이지. 팀이 폴링스타를 계속 데리고 있으려면 분명 어떤 대가를 치러야 하네." 내 새로운 멘토는 이렇게 강조했다.

"이렇게 비유할 수 있지. 자네는 내가 골프를 얼마나 좋아하는지 잘 알지? 사실 골프를 치다보면 리더가 배워야 할 수백 가지 교훈을 찾을 수 있다네."

“물론 잘 알죠. 리더십과 골프에 대해 당신이 쓴 책을 읽은 적이 있어요. 그 책에서 당신이 지적한 몇 가지 조언을 아직도 기억하고 있죠.”

“고맙네.” 토니가 말했다. “음, 그럼 예를 하나 들어볼까? 그리 오래되지 않았어. 나는 새로운 골프 클럽 3번 우드(3-wood)를 샀는데, 그게 바로 내 골프 게임의 새로운 해답이네. 그 골프 클럽은 최신 기술로 만들어진 것으로 외관 역시 너무 멋졌다네. 그리고 골프 관련 잡지마다 그 클럽을 아주 상위에 올려놓았고, 나 역시 그것을 굉장히 자랑스럽게 생각했지. 하지만 실제로 필드에서 그것을 가지고 게임을 하고 나선 생각이 완전히 바뀌었다네. 드라이브 코스에서 수백 개의 볼을 쳤는데, 내가 원하는 방향으로 공이 날아가지 않더군. 그때 내가 얼마나 실망했을지는 자네도 충분히 짐작할 수 있을 걸세. 그래서 400달러나 투자한 클럽으로 몇 시간 연습하고, 필드에서 나쁜 샷을 몇 번 경험한 후에 나는 다음과 같이 생각하기 시작했네. ‘이 골프채를 어떻게 해야 할까?’

내가 선택할 수 있는 사항 중 하나는 3번 우드 클럽을 가방에 그대로 둔 채 나는 어떤 실수도 하지 않았다고 생각하면서 나 자신을 기만하는 것이었네. 그러나 이런 전략의 문제는 내겐 여전히 3번 우드가 필요하다는 것이었지. 14개의 골프 클럽만 가지고 다닐 수 있는 규정이 있기 때문에, 만일 그 클럽을 그대로 두면 나는 클럽 하나를 손해볼 수밖에 없었네. 그러니까 문제를 무시하는 것은 결코 좋은 선택이 아니라는 거지.

다른 사항은 새로운 3번 우드 클럽을 사용하는 거겠지. 비록 좋은 샷을 날리진 못하겠지만, 나는 그럭저럭 잘쳤다고 스스로 위로하겠지. 그리고 그 클럽을 몇 라운드 더 사용했을 것이고, 그 결과 신통치 않은 결과가 나왔을 걸세. 그러니 그 클럽을 사용하는 것은 나를 미치게 만들 뿐만 아니라 내 게임을 망치고, 내 자존심을 상하게 하고, 내 태도에 큰 영향을 끼치는 것이었겠지. 그래서 그 클럽을 계속 고집하는 것은 적절한 문제 해결이 될 수 없었네.

내가 선택한 새로운 대안은 바로 그 클럽이 내게 맞지 않다는 사실을 받아들이는 거였네. 다른 골퍼에겐 훌륭한 클럽일지 모르지만, 내겐 적당하지 않다는 것을 인정하는 거지. 그땐 그게 가장 좋은 대안이었네. 그래서 나는 마침내 경제적인 손실이나 자존심에 상처 입은 것을 인정하고, 그 클럽이 맞을 것 같은 다른 사람에게 그것을 팔기로 했다네. 물론 내게 단 50달러에 그 클럽을 산 친구는 그것 때문에 더 실력 있는 골퍼가 되었다네.

지금 내 가방에는 최신 기술의 그 클럽보다 더 손에 잘 맞는 새로운 3번 우드 클럽이 있다네. 문제는 내 스윙이나 클럽 자체에 있지 않네. 내 스윙이 그 클럽에 맞지 않았던 거지. 비싸고 멋진 클럽을 어떻게든 써보려고 별의별 시도를 다 해본 후에서야 나는 그 클럽이 내게 맞지 않다는 사실을 받아들였고, 바로 그때부터 내 골프 실력은 더 나아지기 시작했네. 여기에서 얻을 수 있는 교훈을 자네 업무에도 적용할 수 있지. 자네 팀에 어울리지 않는 사람이 다른 팀에선 어울릴 수 있지 않겠니? 누군가를 해고해야 한다면 가능한 빨리 하게. 빠르면 빠를수록 자네와 자네 팀에 더 유익할 걸세."

"정말 너무 멋진 비유네요." 나는 토니의 비유에 감탄하며 말했다. "한번 시도해볼게요. 솔직히 폴링스타를 무시할 수가 없었어요. 그들에게 충분한 시간과 기회를 주고 싶었죠. 하지만 지금은 뭔가 결정해야 할 때인 것 같군요."

"하지만 사실, 그 결정은 그들의 몫일세." 토니가 말했다. "만일 그들이 행동지침이나 업무수행 기대치, 성과가 없을 때의 결과를 안다면, 자네를 위해 어떤 식으로든 결정을 할 것일세.

어떤 팀원 하나 때문에 팀 전체의 사기가 떨어진다면, 그것은 그 팀원이 자기 몫을 제대로 수행하지 않기 때문이라네. 사실 그런 이슈를 솔직하게 제기하고, 또 필요할 때 그런 문제를 팀원들이 제기할 수 있도록 고무하는 데는 큰 용기가 필요하지. 자네의 감정이 개입되고, 팀원들의 생계가 걸리고, 어려운 대화를 해야 할 거야. 하지만 자네가 누군가에게 성공할 수 있는 기회를 계속 제공했는데도 그 사람이 번번이 기대에 미치지 못했다면, 그건 자네의 실수가 아니라네. 물론 그 사람의 실수 역시 아니고. 다만 그 사람에게 주어진 일이 그 사람에게 맞지 않았을 뿐이지.

내 경험상 해고를 당한 사람들은 '그것은 내 인생에서 가장 최선의 순간이었다'고 나중에 말하기도 하네. 믿기지 않겠지만, 사실 상당수의 해고는 자기에게 맞지 않는 직업에서 재능을 발휘하고 열정을 쏟을 수 있는 직업으로의 이동을 촉진시킨다네. 게다가 남아 있는 리더나 팀원에게 유익한 결과를 가져오고."

"지금 하신 말씀이 다 옳아요. 저 역시 그렇게 떠난 후에 적성에 맞는 직업을 찾은 사람을 몇몇 알고 있어요. 하지만 그들이 해고를 당했을 때에는 분명 그런 식의 길을 보지 못했을 거예요. 당연히 씁쓸해하고, 좌절하고, 분노 그 이상의 감정을 표출하고 떠났으니까요.

"그렇겠지." 토니가 대답했다. "그런 분노와 실망은 해고하는 과정의 일부라네. 그들은 자존심을 지키기 위해 다른 사람들을 비난하는 거라네.

오케이, 지금까지 폴링스타에 대해 오랫동안 이야기를 나누었지만, 슈퍼스타와 미들스타 역시 무시하지 말게." 토니가 다시 한 번 언급해주었다. "미들스타는 사실 '거품 속에' 있는 공헌자이지. 그들은 나중에 슈퍼스타가 될 수도 있고, 폴링스타로 추락할 수도 있네. 이런 그룹의 업무수행에 영향을 끼치는 능력이 바로 자네의 성공을 결정하는 결정적인 요인일 걸세.

슈퍼스타가 되도록 미들스타를 고무하는 일은 아주 '사소한 것'에서 시작하네. 예를 들어, 그들의 얼굴과 가족을 기억하는 것, 그들의 의견을 묻는 것, 시간을 내서 그들의 이야기를 들어주는 것, 아니면 사기가 떨어졌을 때 그들을 위해 뭔가 특별한 일을 해주는 것 말일세. 자네 팀의 업무수행 능력을 키우기 위해선 바로 미들스타 그룹이 성장해야 하네!" 토니가 계속 이어서 설명했다.

"어떤 상사들은 슈퍼스타를 건드리면 안 된다고 생각하네. 그들은 독립적으로 일하고 싶어 할 거라고 생각하기 때문이지. 하지만 그렇지 않다네. 그들은 절대로 무관심의 대상이 되고 싶어 하지 않지. 슈퍼스타는 대개 아주 강한 자아와 개성을 가진 경우가 많다네. 자기가 얼마나 열심히 일하는지, 팀에 어떻게 공헌하고 있는지 알아주기를 바랄 수도 있지. 만일 자네가 그들의 욕구를 무시하면, 그들은 제대로 대접 받지 못한다고 생각하면서 진가를 인정 받을 수 있는 곳을 찾기 시작할 걸세. 그러니 그들에게 관심을 갖고 충분히 배려해주게!" 여기까지 말하고 토니는 잠시 말을 멈추었다. 속으로 생각을 가다듬는 듯 했다.

"좋아. 이렇게 한번 해보게. 노트에 팀원들을 모두 적은 다음에 그들을 슈퍼스타, 미들스타, 폴링스타로 분류하는 거야. 물론 제니와 채드도 집어넣게나."

"그거야 아주 쉽죠." 내가 대답했다. "슈퍼스타와 폴링스타는 확실히 알아요. 뭐, 그리고 나머지는 모두 미들스타겠죠. 슈퍼스타는 제니와 채드를 포함해서 여섯 명이네요. 폴링스타는 세 명이고 미들스타는 여덟 명이에요."

"좋아" 토니가 말했다. "이제 구체적으로 한번 살펴보세. 이제 이 노트를 사무실로 가져가 서류함에서 최근에 실시한 업무수행 평가서를 찾아보게. 그리고 나서 노트에 적은 명단 옆에 업무수행 평가점수를 기록하게. 그 다음엔 개인별 인사기록 카드를 꺼내서 지난 6개월 동안 팀원들의 수상내역이나 업무수행 향상에 관한 기록을 기입해놓게. 그리고 다음 주에 그 자료를 가져오게."

나는 토니가 뭘 하려고 하는지 알 수 있었다. 아주 재미있는 작업이 될 것만 같았다.

"이런 벌써 마칠 시간이 되었군. 하지만 자넨 나날이 발전하고 있어. 자네가 우리 만남을 진지하게 생각하고, 내가 가르친 것을 제대로 따라주니 참으로 고맙네." 토니가 미소를 지으며 말했다. "나 역시 자네와의 시간이 아주 즐겁네. 그건 그렇고, 이제 다음 주 만남 전까지 자네가 해야 할 일이 무엇인지 다시 한 번 확인해보게."

"일단 몇 가지 사안에 초점을 맞추고자 해요. 첫째, 슈퍼스타, 미들스타, 폴링스타로 팀원들을 분류하는 일을 마무리 지을 거예요. 아주 흥미로울 것 같아요. 물론 지금 당장 필요한 일이기도 하고요. 둘째, 앞으로 팀원들이 혼란스럽지 않도록 팀의 '핵심과업'을 명확히 할 거예요. 그러기 위해 팀원들과 회의를 자주 할 거고요. 셋째, 인사부서와 협력해서 팀의 결원을 보충해야죠. 그리고 마지막으로 팀원들을 위한 코칭을 시작하려고요. 하지만 이 부분에선 당신의 도움을 더 얻어야 할 거 같아요. 아직 그 일을 어떻게 해야 할지 확신이 서지 않거든요. 내일이면 우리 팀의 1년간 업무수행 평가서를 보겠죠. 거기에 어떤 예외가 있을 거라고는 생각하지 않아요. 하지만 우리가 월요일 수업을 계속해서 진행하는 데 필요한 영역이 드러나겠죠. 그럼 말씀하신 자료를 가지고 다음 주에 오겠습니다.

"좋아, 할 일이 많군."

토니는 내 태도변화가 아주 맘에 든 듯했다.

"자넨 다음 주 미팅 주제에 대해서도 이미 계획을 세운 것 같군. 코칭에 대해선 내가 당연히 도와주겠네. 그럼 그 문제는 우리 수업시간에 생각해보기로 하지. 그럼 다음 주에 보세!"

- 직원들과 직접적인 접촉을 한다.

- 내가 유능한 사람을 채용해서 제대로 코칭하고, 제 몫을 못하는 사람을 과감하게 해고시키기를 우리 팀은 원한다.

- 내 일은 폴링스타를 위해 업무수행 정도의 기준을 낮추는 게 아니다. 오히려 슈퍼스타의 업무실적을 인정하고 보상해주는 것으로 그 수준을 높이는 것이다.

- 업무수행과 관련된 이슈를 무시하거나 그냥 넘겨서는 안 된다.

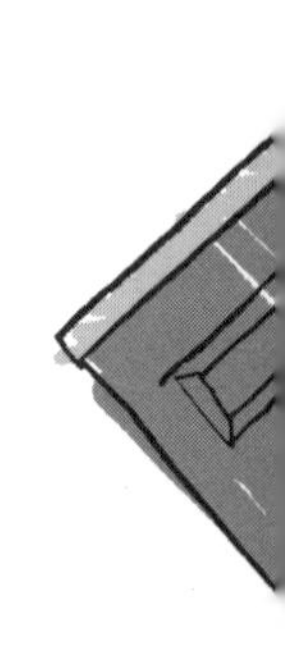

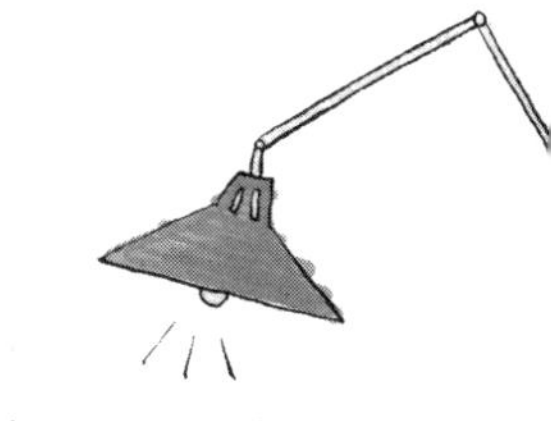

chapter 4

비판이 주는 가르침

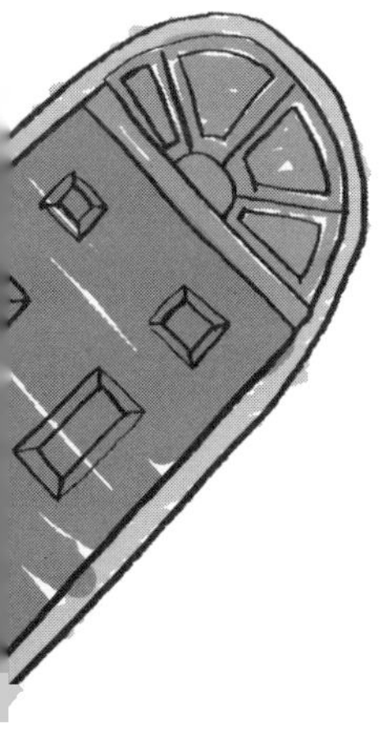

네 번째 월요일 아침, 나는 8시가 채 되기 전에 토니의 집에 도착했다. 사실, 토니와 상의할 게 너무 많아 지난 금요일에 전화해서 미리 이번 주 수업시작을 8시로 정해놓은 터였다.

"일찍 일어나는 새가 어떻다고 하던데?" 토니는 기분 좋게 웃으며 문을 열어주었다. "그런데 이렇게까지 빨리 만나야 할 일이 도대체 뭔가, 제프?"

"실은 주말 내내 제대로 잠을 잘 수가 없었어요." 그렇게 말하면서도 나는 지나치게 긴장된 분위기를 만들지 않으려고 노력했다. "그리고 오늘은 다른 때보다 더 오래 이야기할 수 있으면 좋겠어요. 토니, 정말 당신의 도움이 절실한 때예요."

"그러세. 우선 커피부터 한 잔 하고 시작하지." 토니는 커피를 담은 머그잔 두 개를 들고 와선 의자에 앉았다. "자,

무슨 일인가?" 토니가 물었다.

"사실, 지난주 월요일에는 우쭐해질 만큼 기분이 좋고 긍정적이었는데, 그 후로는 갑자기 수렁으로 떨어진 느낌이었어요. 지난주 내내요." 나는 솔직하게 고백했다. "지난주에 슈퍼스타, 미들스타, 폴링스타 건을 마무리 지었어요. 제가 팀원들을 평가할 때 일관성이 전혀 없었다는 게 여실히 드러나더군요."

머릿속에서 생각하기 전에 이미 말이 술술 새어나왔다. 할 말이 너무 많았다. "몇몇 폴링스타로 분류한 직원 중에는 슈퍼스타로 분류한 직원보다 업무수행 능력이 더 나은 사람도 있었어요. 물론 개인별 인사기록까지 확인했는데, 제가 자신만만하게 생각했던 것과 전혀 다르더라고요. 지난 6개월 동안 팀원들의 수상내역은 하나도 없었고, 업무수행 평가서는 단 한 명 것뿐이었어요. 그 사람만이 슈퍼스타였어요. 세상에, 이게 말이나 되나요?

아무튼 수상내역이나 업무수행 평가서만 가지고 본다면 모두 미들스타에 해당했어요. 제니와 채드는 혹사당하고 있었고요. 어찌 보면 그들이 자기들의 능력을 인정 받지 못한다고 생각하면서 일을 그만둔 것은 너무 당연한 거죠. 제가 어떻게 그것을 모를 수가 있었을까요?"

나는 커피를 한 모금 마시면서 진정하려고 노력했다. "정말 충격이 컸지만, 다행히 팀원들과 핵심과업을 정하는 문제는 계속 진행했어요. 이 부분에선 약간 진전이 있었죠. 인사부서에도 우리 팀의 빈 자리를 채울 만한 사람을 물색하기 시작했고요. 자, 이제 새로운 소식이에요. 지난주에 제가 우리 팀의 연간 협력조사에 관한 보고서를 받을 거라고 말씀드렸죠. 우리 팀원 전체와 제 상사인 카렌이 그 보고서를 완성했어요. 이게 바로 그거예요. 솔직히 저는 새롭고 중요한 내용이 이 보고서에서 나올 거라곤 전혀 기대하지 않았어요. 하지만 실제론 전혀 달랐죠. 지는 보고서를 보고난 후에 매우 놀랐어요. 제가 읽는 내용을 믿을 수가 없었죠. 여기에 저의 팀원들과 상사가 말한 '중요내용'이 들어 있어요."

- 제프는 필요할 때 주위에 없는 경우가 종종 있다.
- 제프는 시간에 맞춰 의사결정을 할 필요가 있다.
- 제프는 보고할 때 더 직접적으로, 그리고 가장 중요한 것부터 설명해야 한다.

- 제프는 업무성과가 좋지 않은 직원을 포상한다.
- 제프는 다른 사람에게 피드백을 주는 데 인색하다.
- 제프는 한 시간이면 충분한 사안을 가지고
  두 시간을 끈다.
- 제프의 가장 큰 문제는 다른 사람에게 책임을
  전가한다는 것이다.
- 제프의 회의시간은 시간낭비다.
- 제프는 문제를 더 빨리 규명하고 해결책을
  찾아야 한다.
- 제프는 팀원이 책임감을 갖도록 만들지 못한다.
- 제프는 더 직접적으로 표현할 필요가 있다.
- 제프는 해결할 이슈를 더 효율적으로 해결해야 한다.

"업무능력 전체 성취도를 1에서 최고 7까지 매긴다면, 저는 4라고 하더군요. 세상에, 어떻게 이럴 수가 있죠?" 내가 토니에게 물었다.

"글쎄, 우선 그 여론조사가 공정하고 정확한 거라고 생각하는지 묻고 싶네." 토니가 내 질문을 능숙하게 받아쳤다.

"물론 아니죠. 절대로 공정하지 않죠." 나는 좀 성마른 목소리로 말했다. "저는 팀원들을 위해 꽁지가 빠져라 일했는데 익명조사에서 저를 배신한 거예요. 이 보고서는 상부로 전해질 텐데 위에서 저를 어떻게 생각하겠어요. 정말 실망 그 이상이에요."

"자네 기분은 충분히 이해하네. 사실 나 역시 무척 놀랐네." 토니가 내 상처를 위로하려는 듯 말했다. "그러나 이렇게 감정이 격해지는 때에는 먼저 모든 게 겉으로 보이는 것만큼 최악의 상태가 아니라는 것을 이해할 필요가 있네. 반대로 호시절에는 모든 게 다 그럴싸해 보이지. 사실은 그렇지 않은데도 말이야." 토니가 말했다. "내가 궁금한 것은 거기에 어떤 긍정적인 면은 없는가 하는 것일세."

"글쎄요. 그렇게 많지는 않은 것 같아요." 나는 투덜거리듯 말했다. "하지만 제 장점이라고 평가한 것도 몇몇 보이네요."

- 제프는 남의 말을 잘 들어준다.
- 열린 마음으로 대화할 수 있다.
- 그는 팀 플레이어로 열심히 일한다.

- 제프는 옳은 일을 하려고 노력한다.
- 제프는 목표를 성취하는 데 헌신적이다.
- 비즈니스에 유용한 지식을 가지고 있다.
- 제프는 멋진 사람이다.
- 팀원들과 아주 친근하며 또 그들을 효율적으로 다룬다.

"이 목록에는 자네의 장점도 있군." 토니가 목록을 살펴보며 말했다. "그런데 자네가 지금껏 말한 것에 비추어보면 이 보고서는 그리 놀랄 일도 아닌 것 같은데 어떻게 생각하나? 우리가 처음 만났을 때 자네는 팀원 전체가 자네를 좋아했으면 하고 바랐잖아. 난 자네가 그것을 이룬 것 같은데….

하지만 기억하나? 자네 팀원들이 그럴 만한 이유로 자네를 좋아한다면 그건 좋은 일이지만, 그들에게 회식자리를 마련하고 마실 것을 사서 그런 거라면 나중에 문제가 될 거라고 말했잖은가. 지금 자네가 그 지점에 와 있는 것 같군 그래."

"여기에 주목할 만한 게 또 하나 있군." 토니가 다른 것을 지적했다. "몇몇 팀원이 똑같은 지적을 했네. 자네는 자네의 역할을 리더로 분명히 정립할 필요가 있다는 걸 말해주지. 이걸 보니 자네의 팀원들은 자네가 책임지기를 간절히 원하고 있군."

나는 고개를 끄덕였다. 하지만 그의 말에 전적으로 동의한다는 확신은 없었다.

"자, 확실하게 짚어보세. 누구나 자기가 책임을 지고 싶어 하진 않는다네. 현실적으로 보면 다들 다른 사람이 책임지기를 바라지." 토니가 지적했다.

"그건 역으로 팀원들이 자네에게 소리치는 메시지라네. 자네가 팀원들의 시간을 더 효율적으로 이용하기 바라고, 관리자 세상에서 더 자주 빠져 나와 그들과 접촉하기를 바란다는 메시지란 말일세. 기본적으로 그들이 많은 걸 바라고 있다고는 생각하지 않네. 그들은 자네가 그들의 친구가 아니라 리더가 되어주기를 원하는 걸세. 지금 자네가 들고 있는 보고서는 아주 소중한 것이네. 물론, 자네는 별로 탐탁치 않게 여기겠지만 말이야." 토니가 말했다.

"이 보고서는 많은 사람들이 돈을 주고 사려고 해도 구하지 못하는 아주 중요한 정보를 담고 있네. 자네가 어떤 리더로 인식되고 있는지 있는 그대로 보여주잖나. 동시에 자네가 더 나은 관리자가 되어야 한다는 정보 역시 주고 있는 셈이지. 자네를 위한 보고서라고 생각하게, 제프."

아무래도 내 표정이 알쏭달쏭했던 모양이다. 토니가 더 선명하게 설명을 덧붙였다.

"그 보고서는 자네를 위한 현실 체크라네. 비즈니스가 어느 때보다 빠르게 진행되는 오늘날, 현실 체크를 하려고 일부러 일을 멈추고 시간을 투자하기는 정말 어렵지 않은가? 선택의 폭이 없어질 때까지 그저 앞만 보고 질주하지. 그런데 이런 기회가 생겼으니 좋은 게 아닌가?

그리고 그 보고서를 통해 충격을 받은 사람이 자네 혼자가 아니라는 것을 이해하는 게 중요하네. 우리는 빡빡한 스케줄에 맞추느라 앞만 보고 헐레벌떡 달려갈 뿐 연료탱크를 채우는 시간조차 내지 않지 않나. 그러나 저녁 6시쯤이 되면 고속도로 한가운데에서 차가 멈추지 않기를 바라면서 주유소를 찾게 되지. 내가 볼 때 그 보고서는 딱 필요한 시기에 자네에게 나타난 것이네."

"제 시간이라고요?" 나는 믿을 수 없다는 듯이 말했다.

"그렇다네. 자네에겐 아직 선택할 가능성이 남아 있기 때문이지." 토니는 그렇게 지적했다. "예전과 달리 시작하기에 전혀 늦은 때가 아니네. 자, 자네가 그들의 코멘트에 귀를 기울이고 싶다면, 그러니까 그것에서 뭔가 배우고 싶다면 오늘은 그 점에 대해서 이야기하기로 하지. 만일 자네가 방어적인 태도를 취하면서 다른 사람의 평가에 맞서 자신을 정당화하려고 한다면 효과가 별로 없을 걸세. 다른 주제를 택하는 게 낫지. 어디까지나 자네의 선택에 달려 있네.”

“저도 변명할 게 있어요. 그리고 왜 이런 결과가 나왔는지 스스로 변명할 수밖에 없네요.” 나는 말했다. “저는 크게 실망하고 깊은 상처를 받았죠. 하지만 토니 당신에게 온 것은 제가 빠져 있는 수렁에서 빠져나오기 위한 것이니 이 자료가 도움이 되겠죠.”

“훌륭하네. 자, 그럼 그 보고서를 꼼꼼히 살펴보고, 자네 팀이 자네에게 원하는 게 무엇인지를 알아보세. 다른 사람이 우리 아이디어에 맞장구치고, 또 우리 행동이 최고라고 칭찬한다면 얼마나 좋겠나. 하지만 현실은 그렇지가 않다네. 간혹 비판을 받기도 하지. 그리고 사실, 그 비판은 좋은 거라네.

그 비판을 어떻게 받아들이는가 하는 것은 우리 몫이고 선택이지. 자네가 듣기엔 껄끄럽겠지만, 남의 비판에 일일이 대응하는 것은 시간낭비일세. 보고서에 나온 비판 중엔 지극히 개인적인 것도 있을 테고, 또 자네에게 억한 감정에서 나온 것도 있을 수 있네.

특히, 자네의 인격이나 성격에 관한 비판은 자네가 관리자로 성공하는 데 별로 도움이 되지 않는다네. 사실, 그런 비판은 신경 쓸 가치도 없지. 그 대신 실수로부터 뭔가 배울 수 있게 도와주는 비판에 귀를 기울인다면, 자네가 원하는 목표를 더 수월하게 얻을 수 있지. 목청을 높여 개인적인 비판을 하는 사람들은 사실 자기들만 그렇게 생각하고 있을 수도 있다네.

개인적인 비판에 대한 이야기를 하다보니 자기 농장을 '개구리 농장' 이라고 광고한 한 농부 이야기가 떠오르는군. 그 농부는 농장에 관심 있는 잠재적 구매자가 나타나자, 저녁이 되면 황소개구리 울음소리로 연못이 장관을 이룬다고 소개했지. 잠재적 구매자가 저녁 때 다시 와보니 과연 연못에서 들려오는 황소개구리의 울음소리가 장관이었다네. 그리고 그 소리에 홀딱 반한 그 사람은 농장을 사기로 했지.

일주일 후, 농장의 새 주인은 연못의 물을 빼고 연못에 가득할 황소개구리를 시장에 내다 팔기로 했네. 그런데 연못의 물을 다 빼고 보니 황소개구리는 고작 한 마리뿐이었지. 이처럼 직장 내에 떠도는 비판과 수군거림 역시 황소개구리 한 마리가 온 동네를 시끄럽게 하는 것과 똑같은 경우가 많으니까 그리 신경 쓰지 말게나."

토니는 기분 좋게 웃고는 말을 계속했다. "좋아. 자, 그럼 이제 자네에게 가치 있는 비판을 살펴보세. 몇 가지 공통적인 언급이 있더군. 무엇보다도 이런 비판을 진실로 받아들여야 하네. 그것은 사실이니까 말이야. 우리는 모두 비판이 필요하네. 아무리 큰 성공을 했어도 그건 마찬가지지. 비판을 통해 우리는 분산된 집중력을 더 갈고닦아 일이나 삶 속에서 더 중요한 것에 집중할 수 있지. 나는 비판이야말로 유용한 '학습도구'라고 생각하네. 우리가 살면서 얻는 혹독한 가르침이라고나 할까? 많은 사람들은 비판을 부정적인 것이라고 생각하지만, 나는 설대 그렇게 생각하지 않네.

자네 팀원들이 작성한 보고서에는 긍정적이고 성장에 필요한 비판도 보이는군. 긍정적인 비판에 주의를 기울이는 게 비판에 접근하는 건강한 방법이지. 왜 그런 비판이 생겼는지 귀를 기울이고, 그 비판을 통해 상대방이 자네에게 요구하는 게 무엇인지 가늠하려고 노력하게.

비판에는 양날의 모습이 있네. 올바른 비판은 자네를 더 나은 방향으로 개선시키지. 어떤 조직이든 직원들은 업무 수행에 관한 리뷰나 보고서를 많이 작성하고 받는다네. 실제로 업무수행 평가에 부정적인 것보다 긍정적인 면이 많다는 것을 알면서도 껄끄러워하지. 그런 피드백에 귀를 기울이고, 그런 피드백에 기초해서 자기를 변화시키는 사람은 바로 다음 번 승진 대상이 되는 것이고 말일세."

나는 고개를 끄덕였다. 나 역시 실제로 그런 일을 겪었기 때문이다. 토니는 말을 이었다.

"우리가 가진 가장 여유로운 부분은 바로 개선의 여지일세. 우리가 더 잘, 자주 그리고 이전과 다른 의지를 가지고 할 수 있는 일은 항상 있기 마련 아닌가. 적절한 비판은 우리가 더 성공적인 사람이 되는 데 필요한 것에 집중하도록 해주지.

자기가 생산적인 비판에 관대하다고 자신 있게 말하는 사람을 많이 봐왔네. 하지만 실제로 비판을 마주하면 받아들이지 못해 힘들어하지. 왜 그런 줄 아나? 인간의 본성이 그렇기 때문이네. 비판은 일정한 긴장을 수반하지. 아무리 잘못된 것을 바로잡아주고, 단점을 보완해주고, 더 성공적인 길을 보여준다고 해도 그건 마찬가지일세.

비판의 신랄한 효과를 나타내는 이유 중 하나는 바로 '정신경화증(psychosclerosis)'이라는 것일세. '정신'을 의미하는 그리스어 psyche와 '굳어진다'는 의미를 가진 라틴어 scherosis의 합성어지. 나는 이것을 '상상력의 경화증'이라고 부르네. 인간은 본성상 자기 생각이 유일하거나 최선이며, 또 그럴싸하다고 자신만만해 하지. 정신경화증의 두 번째 면은 다른 사람의 말에 마음을 닫아버리는 것일세. 만일 내 아이디어가 유일하고 또 최고의 것이라고 생각한다면, 그래서 다른 사람의 말에는 전혀 귀를 기울이지 않는다면 그거야말로 자신의 고집에 갇히게 되는 것이지.”

“하지만 그런 단어는 처음 들어보는데요.” 나는 노트에 그 단어의 정의를 적으면서 말했다. 그러자 토니가 설명했다. “흔히 사용되는 일반적인 개념은 아니네. 이 단어의 반대는 바로 유연성이네. 다른 사람의 의견에 의도적으로 귀를 기울이고 너 나은 정보를 바탕으로 의사결정을 할 수 있는 능력을 말하지. 자, 일단 자네가 비판을 학습도구로 받아들인다고 한다면 여기 몇 가지 유용한 지침이 있네.”

1. 비판을 피드백의 하나로 받아들여라. 우리는 모두 피드백이 필요하다.

2. 자신에게 물어라. 누가 그 비판을 해주고 있는가? 과연 그는 비판할 자격이 있는가? 인격적으로 내게 상처를 주려고 비판을 하는가, 아니면 나를 도와주려고 하는가? 객관적으로 그 개인이 말하는 비판에 수긍할 점이 있는가?

3. 건설적인 비판은 선물이다. 그 비판을 주는 사람에게 감

사하라.

4. 비판에서 뭔가 배우려고 노력하라. 남이 자기를 봐주기 바라면서 자긍심을 손상시키지 말라. 현재 내 자신을 있는 그대로 받아들이면 다른 사람의 비판을 제대로 평가할 수 있다.

5. 비판을 점검한 후에 자기가 어떻게 느끼고, 또 어떻게 생각하는지에 대해 비판한 사람과 의사소통하라. 그러고 나서 개선하기 위해 적절한 행동을 취하라.

6. 다른 사람들에게서 건전한 비판을 받기 원한다면, 그리고 그것이 필요하다면 그들의 호의에 보답하려고 노력하라.

"아주 멋지네요." 나는 토니가 말하는 것들을 노트에 적으면서 말했다.

그러자 토니가 말했다. "기본은 이러네. 비판은 바로 우리 삶의 한 부분이라는 것이지. 비판을 장애물로 여기든, 아니면 유용한 도구로 여기든 그것은 자네의 선택에 달려 있네. 다만 인간행동에 관한 전문가들은 비판을 아주 품격 있게 받아들일 준비를 하라고 조언한다네.

생산적이든 그렇지 않든, 비판은 우리가 아이디어나 능력, 기술을 개발하면서 성장할 수 있도록 도와주는 하나의 도구가 되어야 하네. 궁극적으로 우리는 비판을 애써 무시하는 극과 말 한마디 한마디에 집착하는 극 중간에서 안전지대(comfort zone)를 찾을 수 있네. 그리고 우리는 비판을 수세적으로 대하기보다 비판을 환영하는 법을 배울 수도 있지. 그 보고서는 자네의 또 다른 발전을 위한 첫걸음이어야 하네. 그리고 나는 자네가 가능한 빨리 세 가지 일을 하기 바라네. "

1. 팀원들과 만나 보고서의 결과를 다시 점검한다. 그들이 제공한 정보가 가치 있다는 것을 인정하고, 그것을 더 잘 이해하는 것으로 더 나은 리더십 능력을 개발할 거라는 점을 분명히 밝힌다.
2. 팀원들의 피드백을 구한다. 그들이 제안한 것은 개선할 수 있는 것이니 열린 마음으로 듣는다. 다시 받는 정보는 매우 소중하다는 것을 잊지 않는다.
3. 실제로 실행할 구체적인 계획을 세운다. 그리고 그 계획을 상사, 팀원과 공유하고 스스로 책임감을 가진다.

"자, 어떻게 생각하나?" 토니가 물었다.

나는 잠시 속으로 말을 고르며 생각을 정리했다. "여전히 비판을 받고 싶진 않아요. 하지만 본질적으로 이런 비판은 하나의 축복과 같다고 생각할 게요. 토니, 당신의 말을 들으니 우리 팀원들이 제게 한 비판은 선물이란 생각이 드네요. 다시 말하지만, 기분이 썩 유쾌하진 않아요. 그들이 제게 직접 와서 그들의 생각을 말해주었으면 더 좋았을 거라는 아쉬움도 있고요.

하지만 그랬다면 저는 아마 방어적인 태도를 취했을 것이고, 아무것도 변한 게 없었을 테죠. 제안하신대로 이번 주에 바로 모임을 갖도록 할 게요. 팀원들의 솔직한 비판에 감사하고, 적절한 피드백을 요구할 거예요. 그리고 개선을 위한 계획도 시작하고요. 전에 말씀드렸듯이, 저는 리더십 함정에 빠져 있어요. 그 함정이 얼마나 깊은지조차 몰랐죠. 이제 그곳에서 빠져나갈 수 있는 방법을 실행할 작정이에요. 우리 만남과 이 비판이 그 수렁에서 빠져나올 수 있는 사다리를 준 셈이네요."

"훌륭하네, 제프. 자네는 나를 실망시키지 않는군. 사실 힘들다는 거 아네. 부디 팀원들과의 미팅에 행운이 있길 바라네. 벌써부터 궁금해지는걸."

- 나를 포함한 모든 사람은 책임감을 가질 필요가 있다는 걸 이해한다.

- 인격적인 비판이 아닌 건설적인 비판에 집중한다.

- 건설적인 비판을 하나의 선물로 받아들인다.

- 비판을 우리 삶에서 여러 가지 가르침을 주는 학습도구로 인정한다.

chapter 5

'옳은 일을 하라' 원칙

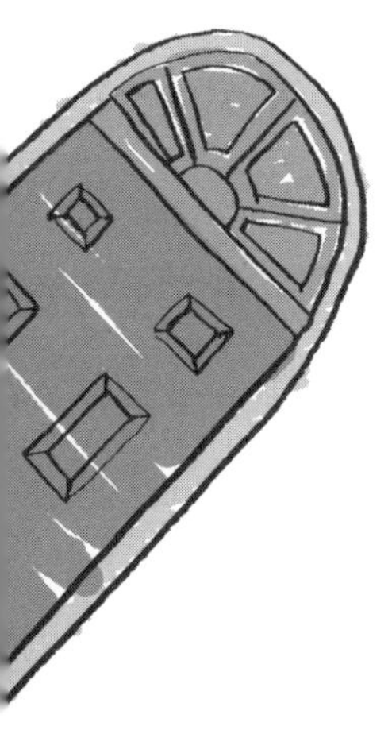

　토니의 집에 도착했을 때 전화하고 있는 토니의 모습이 창문으로 보였다. 토니는 전화를 끊자마자 서둘러 문을 열어주곤 특유의 악수와 포옹으로 나를 반겨주었다. 정확히 약속한 시간이었다. 토니의 표정이 빛나는 것을 보니 통화가 특별했던 듯했다.

　내가 뭐라고 말하기 전에 토니가 먼저 말을 꺼냈다. "방금 내 아들 헌트라이의 전화를 받았네. 휴스턴에 사는데, 올가을 내가 할아버지가 된다네. 하하, 이런 날을 얼마나 고대했는지 모른다네."

　그러고 나서 토니는 잠시 말을 멈추고 행복한 순간을 음미하는 듯했다. "물론 할아버지가 될 만큼 늙진 않았다고 생각하네. 하지만 어쨌든 아주 떨리는군. 멋진 아침이야!"

　나는 토니에게 그런 모습이 있으리라곤 전혀 상상하지 못했다. 늘 '심각한' 주제에 대해 이야기를 나눠온 내 멘토가 머잖아 할아버지가 된다는 사실에 그토록 들뜨다니. 그리고 그 기쁜 소식을 내가 제일 먼저 알게 되다니. "토니, 아주 멋진 소식이군요. 축하드려요. 기분이 아주 좋아 보이는데, 그럼 오늘 모임을 미루고 다른 가족이나 친구들과 이 기쁜 소식을 나누는 게 어때요?"

"아니, 그 일은 한 시간 뒤에 하도록 하지. 우리는 수업에만 집중하세. 실은 오늘 오후에 만날 골프 친구들에게 말하고 싶어 아주 죽을 지경이야. 사실 나만 빼고 모두 할아버지가 되었다네. 오늘 오후에는 아주 신나게 자랑을 해야지."

우리는 머그잔을 들고서 늘 대화를 나누었던 토니의 서재로 들어갔다.

"자, 수업을 시작해볼까? 팀원들과의 만남이 어땠는지 듣고 싶네. 어땠는가?"

"네, 만남은 순조롭게 진행되었어요." 나는 말을 꺼냈다.

"팀원들의 관심사항을 들었고, 그들이 언급했던 것에 대한 몇 가지 계획도 세웠죠. 그들은 저와 직접 이야기할 수 있는 기회를 내심 반기는 듯했어요. 예전에 그들의 말 듣는 것을 얼마나 소홀히 했는지 알겠더라고요. 그들은 제 달라진 태도에 놀라는 눈치였어요. 토니, 당신이 말한 관리자 세상은 확실히 옳았어요. 그동안 저는 관리자 세상에서 너무 많은 시간을 허비하면서 팀원들과는 소원했던 것 같아요. 하지만 다행이죠. 제가 조금만 노력하면 고칠 수 있는 거니까요. 아무튼 저는 그들이 보인 반응이 아주 만족스러웠어요. 모임은 업무상 한 주의 절정이라고 할 수 있는 화요일에 가졌는데, 그 이후엔 아주 힘들었죠. 무엇보다도 당신의 충고와 조언이 절실히 필요했어요. 솔직히 말씀드리자면, 어떤 문제가 커지면서 잠도 제대로 자지 못했어요. 저나 제 팀이나 모두 힘든 시간이었죠.”

토니가 몸을 한쪽으로 기울였다. 내 말을 주의 깊게 듣고 있다는 신호였디.

“몇 주 전, 우리 팀 코칭을 시작하겠다고 말씀드렸잖아요. 아직 별다른 성과를 내진 않았다는 거 알아요. 아직은 당신의 도움이 필요하죠. 하지만 슈퍼스타와 미들스타를 코칭하는 건 쉬울 거라고 생각했어요. 그들의 긍정적인 업무성과를 인정하고, 그들의 일에서 한발 비켜주는 게 그들을 도울 뿐 아니라 일을 수월하게 하는 거라고 생각했죠. 업무수행 문제를 지도할 대상은 오로지 폴링스타일 거라고 지레 짐작했죠.

그런데 우리 팀에 중요한 문제가 생긴 거예요. 슈퍼스타로 분류한 유일한 팀원과 관련이 있죠. 바로 말할게요. 그는 토드로, 팀 전체에 큰 영향을 끼치고 있죠. 올해로 6년차인 그는 일도 잘하고, 다른 팀원들과의 관계도 아주 원만해요. 게다가 지식도 풍부하고, 성실하다는 평가까지 받고 있죠. 얼마 전까진 제가 하는 특별 프로젝트에 자원해서 도와주기까지 했고요. 그야말로 최고의 팀원이라고 늘 생각해왔죠. 하지만 요즘엔 좀처럼 그러질 않더라고요. 저는 그도 한숨 돌릴 때가 되었다고만 생각하고 지나쳤어요.

그런데 3주 전이었어요. 토드가 근무 중에 술을 마셔왔다는 사실을 알게 되었죠. 저는 그에게 그 문제를 지적했고, 그 역시 잘못을 시인하고 넘어갔어요. 그는 개인적으로 문제가 좀 있고, 그 문제를 해결하려고 최선을 다하고 있는데 힘들다고 털어놓았죠. 저는, 사정은 이해하지만 근무시간에 술을 마시는 것은 회사방침이나 팀의 행동강령에 위배된다고 분명히 못을 박았죠. 그래서 인사부서와 협의한 후에 그에게 주의를 요하는 서신을 보냈어요. 만일 한 번만 더 규율을 어기면 회사를 나가야 한다고 명시했죠. 그 역시 순순히 자기 문제를 인정하고 그 문서에 서명했고요. 다시는 그런 일이 없을 거라고 약속한 거죠. 저는 정말 그를 믿었어요.

그런데 지난 수요일, 토드가 다시 근무 중에 술을 마시는 것을 본 거예요. 오후 2시쯤, 그의 책상 옆을 지나가고 있는데 머그잔에 스카치위스키를 붓고 있더라고요. 물론 그는 절 보지 못한 것 같았어요. 저는 아는 체하지 않고 곧바로 아래층으로 내려갔어요. 그때 일을 아는 사람은 아무도 없었죠. 만일 인사부서에서 이 사실을 알았다면 토드를 해고하라고 제게 요구했을 거예요. 팀원들 중에는 토드의 문제를 아는 사람이 없는 것 같았어요. 그가 회사의 규정을 어기긴 했지만, 한편으론 약간의 동정심도 들었죠. 그가 개인적으로 힘들다는 것을 알고 있던 터라 진심으로 도와주고 싶었거든요.

물론 최저기준을 낮추지 말고 최고수준을 더 올리라는 충고를 잊지 않고 있어요. 하지만 만일 제가 토드를 해고한다면, 결원은 세 자리로 늘어나는 것이고, 우리 팀은 슈퍼스타를 잃게 되겠죠. 그렇게 되면 지금의 문제는 더 심각해질 거고요. 저는 수요일에 목격한 사실을 덮어두고, 그에게 한 번 더 기회를 주고 싶어요. 토니, 당신 생각은 어떤가요?"

토니 역시 동정 섞인 목소리로 말했다. "제프, 자네 마음이 어떤지 이해하네. 나 역시 그런 적이 있지. 이런 경우엔 결정을 내리기가 여간 힘든 게 아니라네. 자네에게 어떻게 하라고 말하진 않겠네. 그건 자네가 선택할 몫이니까. 다만 자네가 결정을 내리는 데 도움이 될 만한 몇 가지 질문을 하 겠네. 첫째, 토드가 업무 중 음주에 관한 회사의 방침이나 팀의 행동강령을 잘 알고 있는가?"

"예." 나는 고개를 끄덕였다.

"3주 전에 그와 함께 업무수행에 관한 면담을 하면서 그 문제를 자세하게 짚고 넘어갔죠. 그는 위반행동에 대한 조 치를 받아들이고, 또 회사의 방침을 분명히 이해했다는 내 용의 서약서에 서명까지 했으니까요."

"그럼 회사의 방침이나 자네의 기대는 합리적이고 공정 했다고 생각하나?" 토니가 다시 물었다.

"예, 그렇게 믿고 있어요." 내가 대답했다.

"폴링스타 팀원이 근무 중에 술을 마시는 걸 목격한다면 자네는 어떻게 할 텐가?"

"그야 간단하죠." 나는 대답했다. "주저 없이 해고할 거 예요. 하지만 토드의 경우엔 문제가 좀 복잡해요. 그는 개인 적으로 심각한 어려움을 겪고 있고, 무엇보다도 우리 팀의 유일한 슈퍼스타거든요. 만일 그를 해고하면 최저기준을 올리기는커녕 오히려 더 낮추게 되지 않을까요? 그리고 이 제까지 그가 공헌한 것을 생각하면 이 정도는 눈감아줄 수 있다고 생각하는데요."

　토니는 잠시 생각에 잠기더니 이렇게 물었다. "그러면 어떻게 하는 것이 옳은 일인가?"

　"솔직히 잘 모르겠어요." 나는 대답했다. "전 토드를 이해하고 도와주고 싶어요. 물론 그가 회사방침과 팀의 행동강령을 어겼지만요. 솔직히 해고하는 게 옳은 일이겠죠. 하지만 원칙대로 처리하면 앞으로 더 큰 대가를 치르게 되겠죠. 솔직히 문제를 그렇게 확대시키고 싶진 않아요."

　"알았네, 제프. 그럼 이 문제를 다른 관점에서 생각해보세. 첫째, 자넨 토드를 해고하면 최고수준이 더 낮아진다는 이야기를 반복했네. 하지만 난 자네 생각과는 좀 다르다네. 사실 자네 이야긴 옳은 일을 하지 않은 것에 대한 변명밖에 되지 않네. 자, 들어보게. 내가 먼저 설명하지. 자네 마음에는 서로 반대하는 감정이 존재하고 있네. 옳은 일에 대한 감정과 쉬운 일에 대한 감정이 바로 그것이지. 이 두 감정이 서로 맞설 때는 올바른 결정을 내리기가 아주 힘들다네.

　자네가 할 일은 장기적으로 지속될 수 있는 성공을 위해 최고수준을 올리는 것이지, 눈앞의 편안한 결과를 가져오는 게 아니란 말일세. 물론 자네는 팀원들을 몰아세우거나 치켜세워주거나 월급을 올려주는 것으로 단기적으로 좋은 결과를 얻을 수 있네. 반면, 장기적인 성과를 얻는 건

117

굉장히 힘들지. 모두가 따라야 하는 정확한 행동강령이 필요하고, 정확한 피드백을 줘야 하고, 긍정적이든 부정적이든 팀원들이 내린 의사결정에 대해 정확한 답변을 해줘야 하니 말이야. 그러기 위해서 자네는 팀원들이 책임감을 갖도록 해야 하네. 보고서에서 나왔던 개선해야 하는 것 중 하나였지 아마?

이런 일을 결정하기 위해선 옳은 일을 하겠다는 자네의 용기가 반드시 필요하지. 누구든지 어떤 분야에서는 슈퍼스타일 수 있지만, 다른 분야에서는 폴링스타일 수 있다네. 자네는 업무수행 평가를 근거 삼아 토드를 슈퍼스타로 분류했겠지. 하지만 행동강령을 근거로 하면 그는 분명 폴링스타네. 자네는 그가 규율의 측면에서 폴링스타라는 점을 부각시켜 이 상황을 직시하고 문제를 처리해야 하네.

둘째, 나는 '옳은 일은 하라'는 원칙에 전적으로 찬성하네. 간단히 말해서, 보는 사람이 없어도 항상 올바르게 행동하라는 것이네. 물론 항상 옳은 일을 하는 것은 정말 힘들지만 말일세. 그러나 옳은 일을 하는 것이야말로 언제나 진리라는 사실을 잊지 말게. 만일 자네 회사에 행동강령이나 업무수행에 대한 기준이 아예 없다면 무엇이 옳은 일인지 알기 힘들겠지. 그러나 이 경우엔 그런 문제가 아니잖은가.

물론, 자네처럼 위기상황에 처해 있으면 규칙과 기준이 엄연히 있는데도 무엇이 옳은지 판단하기 어려울 수 있네. 그건 충분히 이해하네. 하지만 자네의 말을 들어보니 그게 큰 문제처럼 보이진 않는군. 자네가 말했잖은가. 토드는 회사의 행동강령을 잘 이해하고 있다고. 게다가 만일 계속해서 근무 중에 술을 마시면 해고당할 수 있다는 경고장에 서명까지 했다고 말이야.

토드가 근무 중에 술을 마셨다는 사실은 자네의 신뢰도를 시험하는 것이라고 볼 수 있네. 무엇이 옳은 일인지를 자네는 이미 알고 있네. 하지만 자네의 감정이 서항하고 있지. 이런 경우, 저항을 최소로 줄이는 방법은 자네가 본 것을 무시하고 더 이상 그런 일이 일어나지 않기를 바라는 거지. 하지만 그런 태도는 전혀 현실적이지 못하다네. 다른 문제를 더 노출시키는 결과를 가져올 것이고.

자네는 지금 위기에 처했기 때문에 문제를 무시하고 눈을 감는 게 더 쉬워 보일거야. 그러니 자네가 가야할 길을 신중하게 선택하게나. 간혹 사소한 선택이 나중에 옴짝달싹할 수 없는 결과로 돌아오는 경우가 있으니 말일세. 바로 신뢰도 시험에서 실패할 때지."

토니는 잠시 커피를 마시며 무언가를 골똘히 생각하더니 계속해서 말을 이었다. "내 경험에 비추어볼 때, 최선은 자네가 위기에 처하기 전에 하던 대로 결정하는 것이네. 나는 이런 방법을 조종사 친구에게 배웠지. 조종사들은 운항하는 중 생길 수 있는 모든 문제를 모의실험하고, 우발적인 상황에 대처할 수 있는 매뉴얼을 사전에 제작해서 조종석에 비치해둔다고 하더군. 그 매뉴얼에는 발생할 수 있는 모든 문제와 그때마다 취해야 하는 행동이 모조리 기재되어 있겠지. 알다시피 조종사들은 위기에 처해서 결정을 내리지는 않네. 대신, 문제가 생길 때마다 미리 수립해놓은 계획을 자동적으로 이행하지. 예를 들어, 비행기 유압장치에 문제가 있다는 경보등이 켜지면, 매뉴얼을 펼쳐 그에 맞는 항목을 찾은 다음에 그 절차를 그대로 행동에 옮긴다네. 만일 조종사들이 위험에 닥치고 나서야 대책을 생각하고 그에 따라 행동하기 시작한다면, 이미 비행기는 고도를 잃고 추락하고 말겠지.

비즈니스를 할 때에도 위험을 알리는 경보가 켜지는 순간이 있다네. 그런데 그 경보등을 뭔가로 덮어둔 채 아무도 보지 못하게 하는 관리자가 있지. 애써 위험신호를 무시하는 거라네. 물론 그렇게 하면 마음은 편하겠지만 회사는 조

용히 추락할 걸세. 아예 경보등의 전구를 빼버리는 관리자도 있다네. 더 이상 불이 깜빡거리지 않게 말이야. 그렇게 되면 다른 계기판을 아무리 철저히 점검한다고 해도 그 회사의 몰락을 막을 수 없겠지.

그러니 위험에 대처하는 유일한 방법은 경보등이 켜진 원인이 무엇인지 직접 가서 확인한 다음, 그 문제를 해결하는 것이네. 위기가 닥치기 전에 미리 행동계획을 결정해두어야 한다는 말일세. 이렇게 보면 자네는 위기상황 한가운데에 있다고 할 수 있네. 경고등이 번쩍거리고 있지. 앞은 잘 보이지 않고 말이야. 그럴 때 옳은 일을 무시하고, 문제를 덮어둔 채 덜 고통스런 길을 택할 수 있네. 그렇게 하는 게 쉽기 때문이지. 하지만 진실은 가려지지 않는 법이네. 문제는 결코 사라지지 않지. 그러니 어떤 식으로든 행동을 취해야 하네. 옳은 일을 하는 것으로 문제를 해결하는 게 최선의 방법이라고 생각하네.

'옳음을 알면서 행하지 않는 것은 비겁하다'는 공자의 말씀을 읽은 적이 있네. 그가 강조하는 게 바로 '옳은 일을 하라'는 원칙이네. 하지만 실제로 그 원칙대로 사는 건 힘든 일일 걸세. 그러기 위해선 훈련, 책임감, 용기가 필요하니 말일세. 잘 생각해보게."

토니의 가르침은 너무나 선명하게 와닿았다.

"셋째, 자네는 토드의 문제를 알고 있는 사람이 왜 자네뿐일 거라고 단정하는가? 때때로 관리자는 팀에서 발생한 문제를 맨 나중에서야 안다네. 그런 경우가 아주 많지. 대개 관리자가 볼 수 있는 건 전체 중에 극히 일부네. 바다에 떠 있는 빙산의 일각처럼 말일세. 자네가 볼 수 있는 건 물위로 솟은 작은 부분일 수도 있지. 그 아래에는 더 크고, 더 심각하고, 더 파괴적인 것이 숨겨져 있을 수 있고.

그 상황을 가까이 들여다보면 볼수록 더 많은 것을 볼 수 있을 걸세. 토드의 동료들은 그 '빙산'을 자네보다 더 가까운 곳에서 본다는 것을 명심하게. 토드가 술을 마시는 것을 왜 자네가 묵인해주는지 팀원들이 불평하지 않는 게 나는 더 놀랍네."

"넷째, 자네가 리더가 된 이상 사소한 일들이 아주 중요한 의미를 가질 수 있다네. 토드가 술 마시는 걸 그냥 무시하고 넘어갈 문제라고 생각한다면, 자네는 완전히 잘못 생각하고 있는 거야. 자네가 아무리 그 문제를 회피하고 싶어도 그걸 해결해야 할 사람은 결국 자네일세. 회사에 윤리위원회나 준법감시인 같은 통제기구가 있다면, 이런 문제에 대해 신경 쓰지 않아도 되겠지. 하지만 자네 팀에서 가장 중요한 것은 자네가 어떻게 하는지 일세. 내 장담하건데, 팀원들은 자네의 행동과 결정을 주시하고 있을 거네.

옳은 일을 하라는 원칙을 팀원들이 따르도록 하는 열쇠는 자네가 쥐고 있네. 옳은 일을 할 때엔 한 가지 주의할 게 있다네. 옳은 일을 하는 데에는 양면성이 있지. 일단, 옳은 일을 하는 게 무엇인지를 알면 자네는 실천하든지 그렇지 않든지 둘 중 하나를 선택할 걸세. 사실 옳은 것과 옳지 않은 것 사이에는 엄청난 간격이 있다네. 중간지대는 없지. 그 간격을 절대 좁힐 수 없네. 이쪽 아니면 저쪽이지.

그리고 자네는 일관성이 있어야 하네. 어떤 사람들은 자기가 하는 일이 절대 문제되지 않을 거라고 장담하지. 만일 많은 사람들이 정상적인 것으로 받아들이는 가치를 위해 자네가 자네의 개인적인 가치를 희생한다면 상황은 어떻게 달라질 것 같은가? 아마 굉장히 큰 차이를 만들어낼 걸세. 사람들이 우리를 주시하고 있어서 어떻게든 상황에 대해 말할 수밖에 없게 되기 때문이지. 옳은 일을 하면 조그만 거짓말이 더 큰 거짓말을 낳아야 하는 악순환에 빠지지 않을 수 있다는 말이네.

따라서 바로 앞의 문제를 무시하는 것은 적절한 해결책이 아니네. 문제를 무시하면 자네의 도덕성이 위험에 빠지네. 만일 자네가 도덕성을 잃어버린다면 더 이상 신뢰를 쌓을 수 있겠나? 신뢰는 모든 인간관계의 기본인데 말이야.

제프, 이것은 아무리 강조해도 지나치지 않는다네. 자네는 자네의 정직을 지켜야 하네. 그것을 가장 중요한 리더십 자산으로 생각하면서 말일세. 그러나 선택은 자네 몫이네. 분명한 것은 이제 자네는 의사결정을 해야 한다는 것이고. 자, 어떻게 할 텐가?”

토니의 메시지는 분명했지만 동시에 어렵기도 했다.

“네, 당신 말씀이 모두 맞아요.” 나는 토니의 말을 인정하면서 말을 꺼냈다. “그런데 그 선택의 결과가 너무 부담스러워 옳은 일을 하기가 너무 어렵네요. 팀의 결원이 세 명으로 늘어나는 것, 어떤 일이든 척척 해내는 한 명뿐인 슈퍼스타를 잃는 것, 그가 개인적인 고통을 겪고 있다는 것을 알면서도 그를 내쳐야 한다는 것, 이 모든 게 저를 너무 힘들게 해요.

게다가 그 문제는 토드에게 한정된 문제지 팀 전체에 영향을 끼칠 거라고 생각하지 않아요. 그게 솔직한 제 심정이죠. 하지만 전 공정한 사람이고, 그를 해고시켜야 할 상황에 있다는 것 역시 인정해요. 토니, 당신 말씀이 옳아요. 그의 문제를 알고 있는 사람이 제가 전부가 아닐 수 있을 거예요.

그리고 제가 이 상황을 어떻게 처리하는지 팀원들이 눈여겨 보고 있을지도 모르는 일이고요." 토니가 지적한 문제에 대해 하나하나 짚어가면서 이야기하자 비로소 큰 그림이 그려지기 시작했다.

"좋아요, 이렇게 하죠. 사무실에 가자마자 인사부서에 들르겠어요. 인사부서 직원들의 도움을 청해서 이 문제를 처리해볼게요." 나는 속 깊은 한숨을 쉬었다.

"그런데 토니, 제가 다음 주에 어떤 문제로 도움을 청할지 이미 알고 계신 것 같네요? 어쨌든 10주간 수업 중 한번은 직원채용에 관한 이야기를 해주신다고 하셨죠? 제 생각엔 그 시간을 좀 앞당겨야 할 것 같아요. 다음 주에 가능할까요? 현명한 채용을 해야 할 시점인 것 같아서요. 행운을 빌어주세요."

"물론 행운을 빌어줌세, 제프. 이번 주 동안 일이 잘 진행되길 바라네. 그리고 다음 주엔 채용문제에 대해 이야기를 나누어보도록 하지. 자, 이렇게 생각하게. '지금 이 문제는 일시적인 것이다. 지금 순간을 어렵게 하는 일시적인 문제 말이다' 라고 말이야. 이것을 꼭 기억하게. 정직한 리더는 인생의 모든 면에서 가장 존경 받는 사람이라는 것을 말일세. 누가 보든 말든, 어떤 상황에 처해도 만일 자네가 옳은 일을 할 거라는 신뢰를 받는다면, 그리고 말한 것을 실천하는 사람이라는 믿음을 얻으면 자네는 누구보다 존경 받는 멋진 리더가 될 걸세. 사람들은 말한 것을 그대로 실천하는 사람을 존경한다네.

무엇이 옳은 일인지를 판단하고 나면, 그것을 실천하는 용기의 문제는 전적으로 자네의 것이 되지. 다음 주 만남이 기대되는군. 자, 기운 내게. 자네라면 잘할 수 있을 거야."

"고마워요, 토니. 할아버지가 된다는 기쁜 소식을 친구들과 즐겁게 나누시길 바랄게요. 당신 같은 분을 아버지로 둔 아드님이 무척이나 부럽네요. 당신은 정말 너무나 특별한 분이세요." 나는 현관으로 나서면서 그렇게 말했다.

"고맙네. 아주 재미있는 한 주가 될 걸세. 자, 다음 주 월요일에 만나세." 그렇게 말하며 토니는 내게 손을 흔들었다.

◎ 옳은 일을 하는 게 늘 옳다는 것을 인정하자.

◎ 위기상황에 빠지기 전에 내 정직을 체크해야 할 필요가 있다.

◎ 문제를 무시한다고 해결되는 건 아니다.

◎ 정직을 나만의 소중한 경영자산으로 생각하고 지키자.

chapter 6

직원채용은 까다롭게 하라

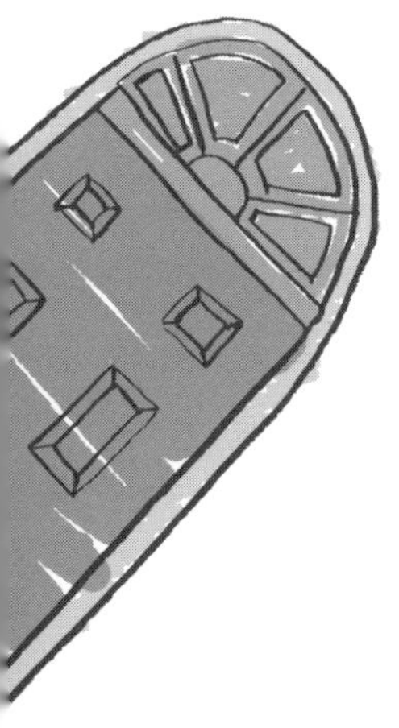

토니 집에 도착해보니 토니가 현관 앞에 나와 있었다. "어서 오게, 제프." 토니가 반갑게 인사했다. "이번 주엔 내가 자네를 기다리고 있었네. 사실은 자네 일이 어떻게 되어가고 있는지 알고 싶어서 몇 번이나 진화를 길러다 말았나네. 그러니 어서 이야기해보게나."

토니와 나는 머그잔을 들고 등받이 의자에 앉았다. "먼저, 한 주 동안 어떠셨나요? 할아버지가 된다고 하니 친구들 반응이 어떻던가요?" 내가 먼저 물었다.

"아주 멋졌지. 아직까지 흥분이 가시지 않는군. 게다가 벌써 할아버지가 된 듯한 기분이 들지 뭔가. 살면서 이런 순간에 이렇게까지 흥분할지는 전혀 예상치 못했다네. 자, 이제 자네 이야기를 해보게나. 한 주 동안 어땠나?"

"아주 흥미로웠다고 말할 수 있죠." 나는 말했다.

"지난주 모임이 끝나고 곧장 인사부서로 가서 린을 만나

토드의 문제를 상의했어요. 그녀 역시 당신과 똑같은 질문을 하더군요. 여러 가지 이야기를 나누고 나서 우린 더 이상 선택의 여지가 없다는 결론을 내렸어요. 근무 중에 술을 마신 토드를 해고하기로 했죠.

제가 일을 더 수월하게 할 수 있도록 린은 세 가지 사항을 주지시켜주었죠. 미리 '역할극'을 하면 좋을 거라고 일러주더군요. 역할극을 통해 토드가 보일 수 있는 몇 가지 반응에 대해 미리 대안을 마련해두었죠. 또 린은 '중성적'인 장소로 갈 것을 제안했어요. 그래서 회의실을 선택했죠. 그녀는 마지막으로 필요한 서류를 다 구비해두라고 충고해주었죠. 논쟁을 하는 게 아니라 그가 약속했던 대로 중대한 결정을 실행하는 거니까요.

린과 저는 토드에게 해고를 통보하는 절차를 역할극으로 준비했어요. 사실, 전에는 해고하는 절차를 감당하는 게 두려웠어요. 하지만 역할극을 하고 나니까 제가 여러 가지를 준비하고 자신감을 갖는 데 도움이 되더라고요. 그리고 저는 린에게 최종 면담시간에 동석해달라고 부탁하고, 토드의 최종 급여를 정산해서 수표로 끊어놓고 그를 회의실로 불렀어요.

면담 전에 린이 제게 이렇게 조언을 하더군요. 토드에게 강경하고 공정한 태도를 보이되 그의 자존심과 존엄성을 지켜줘야 한다고요. 토드는 회의실에 들어서면서 무슨 일이 있다는 걸 눈치 챈 것 같았어요. 그가 자리에 앉자 저는 음주문제에 관한 이야기를 꺼냈죠. 그는 그렇게 '사소한' 문제로 자기를 해고하냐며 깜짝 놀라더군요. 개인적인 문제가 있어서 그런 것인데, 그것을 이해해주지 못하냐며 저를 비난하기도 했죠. 그러더니 저보다 자기가 리더역할을 많이 하기 때문에 자기가 없으면 팀이 제대로 굴러갈 수 없을 거라고 큰 소리로 항의하더라고요. 다행히 저와 린은 그가 그렇게 대응할 경우를 대비해서 준비한 역할극의 도움을 받을 수 있었죠.

린은 해고당하는 사람들은 대부분 감정적으로 대응한다고 귀띔해주기도 했어요. '내 잘못이 아니다', '회사가 이렇게 배려가 없을 수 있냐', '정상참작이라는 것도 있지 않냐' … 이런 식으로 말이에요. 저는 그 면담을 준비하면서 린이 정말 훌륭하게 문제상황에 대처한다는 사실을 알고 굉장히 놀랐어요.

면담을 시작하기 전에 린이 마지막으로 당부한 것은 토드를 해고하는 것은 어디까지나 그의 행동에 대한 결과라는 사실을 잊지 말라는 거였죠. 그가 회사의 강령과 행동수칙을 어기는 것으로 해고를 당할 빌미를 만들었고, 우리는 단지 그 절차를 이행하고 있을 뿐이라는 점을 분명히 하라고 말이에요. 그렇게 생각하니 마음이 한결 가벼워지더라고요. 어쨌든 면담은 감정이 격해질 대로 격해진 상태로 30분 동안이나 진행되었죠. 속으로는 굉장히 마음이 상했지만, 결국 토드의 잘못된 행동이 그런 결과를 가져온 것이라고 스스로 다독였어요.

우리가 언쟁을 하려는 게 아님을 알자 토드는 수표를 받고 사물을 정리해서 떠났어요. 잠시 마음을 진정시키고, 저는 주례회의에 들어갔죠. 도대체 토드에게 무슨 일이 있었는지 팀원들은 궁금해하는 표정이었어요. 아무 인사도 하지 않고 토드는 떠났지만, 깨끗하게 비워진 책상을 봤다면 대충은 짐작했겠지만 말이에요.

저는 가능한 빨리 팀원 중 한 사람을 그 자리에 배치하겠다고 약속했어요. 팀원들은 무슨 일이 있었는지 물었고, 저는 린의 조언에 따라 토드가 없어도 긴장을 늦추지 말고 협력해서 일하자는 말로 설명을 대신하고 자세한 언급을 피했어요.

그러자 놀라운 일이 일어났어요. 회의가 끝나고 우리 팀에서 미들스타에 해당하는 두 명이 말하는 것을 우연히 들게 되었는데, 토드의 음주문제를 더 이상 덮어주지 않아도 되어 정말 다행이라고 말하는 게 아니겠어요? 토드가 근무 중에 술을 마신다는 사실을 제일 마지막에 안 사람은 정말 관리자인 바로 저였나 봐요. 그보다 중요한 것은 이제 그 문제를 알고 있는 사람이 저뿐이 아니었다는 사실을 깨달은 거겠죠. 당신 말대로 팀원들은 저를 주시하고 있었고, 제 도덕성을 판단할 준비를 하고 있었던 거예요. 토니, 당신이 정말 옳았어요." 너무 열렬히 말했던지 목이 다 아파왔다. 하지만 아직 말해야 할 게 남아 있었다.

"팀회의는 질 마쳤고, 우리 팀의 핵심과업 역시 정했죠. 세 가지로 요약돼요.

1. 직원에게 존엄과 존경심을 가지고 대하기
2. 고객에게 최상의 서비스를 제공하기
3. 회사에 수익을 창출하기

낯익죠? 첫 번째 수업에서 당신이 제게 말해준 핵심과업과 거의 같아요. 팀원들에겐 핵심과업이 무엇인지 매일 확인하겠다고 했어요. 그리고 이 세 가지 일에 해당하지 않는 다른 사람의 요청은 거부할 권리가 있다고 말해주었어요.

아무튼 지난주는 전체적으로 그리 나쁘진 않았던 것 같아요. 토드가 나가면서 업무상 공백이 생기긴 했지만, 뭐 우리 나름대로 해결해나갈 수 있었어요. 그리고 지난주에 배운 게 있다면 인사관리에 관해선 인사부서의 도움을 받아야 한다는 거예요. 린은 충분한 자질이 있었고, 또 저를 헌신적으로 도와주었죠. 게다가 그녀는 우리 팀의 공석을 위해 20명의 후보를 추천해주었어요. 이번 주 수요일과 목요일, 금요일에 채용면접 일정이 잡혀 있죠. 주말 전까지 그 자리 모두 채울 수 있었으면 좋겠어요. 그래서 오늘은 직원채용에 관한 조언을 꼭 듣고 싶어요." 나는 그렇게 말을 마쳤다.

"대단하군, 제프. 토드의 문제를 포함해서 모든 게 잘 해결되었다니 다행일세. 나 역시 기쁘네. 힘들었겠지만 옳은 일을 한 거야. 자네가 무척이나 자랑스럽네. 직원채용과 관련해선 먼저 질문을 하나 하겠네. 자네 회사에서 가장 가치 있는 자산은 무엇인가?"

"그야 간단하죠." 나는 말했다. "우리 회사에서 가장 중요한 자원은 직원이에요. 직원이 있어야 회사가 존재하는 것이니까요."

"좋아, 그렇다면 회사에서 가장 큰 손실은 무엇인가?"

이 질문은 좀 어려웠다. "글쎄요. 판매부진 같은 게 아닐까요?"

"그래? 내 생각은 자네와 조금 다르네." 토니가 대답했다.

"가장 큰 손실에 대한 제 생각이 맞는지는 모르겠지만, 우리 회사에서 가장 중요한 자산이 직원이라는 생각에는 변함이 없어요. 그 점에 대해서도 달리 생각하시나요? 고객은 자기가 상대하는 직원을 보고 우리 회사를 평가해요. 그러니 직원이 가장 중요한 자산이 아닐까요?"

"자네가 한 말에 모두 동의하네. 내 질문 방법이 잘못되었던 것 같군." 그러면서 토니는 말을 정정했다. "자네 회사에서 가장 중요한 자산은 직원 중에서도 적합한 직원이라네. 직원들 모두가 회사에 딱 맞는다면 회사만 아니라 자네 같은 관리자 역시 성공할 수 있는 기회가 아주 많아질 걸세. 그리고 자네 회사에서 가장 큰 손실은 부적합한 직원이라네. 사실, 부적합한 직원은 그 어떤 강력한 경쟁상대보다 팀과 회사에 더 큰 해를 끼치지. 자네가 리더로서 해야 할 가장 중요한 일은 적합한 사람을 채용하는 것이네. 나약하고 무능한 팀원들을 데리고 강하고 효율적인 팀을 만들 수는 없으니까.

제프, 자네에겐 바로 지금이 가장 좋은 기회일세. 세 명의 결원을 누구로 채우느냐에 따라 자네 팀의 구성에 큰 변동을 가져다줄 걸세. 팀원들에게 다양한 시각을 갖게 하고, 새로운 아이디어를 제시하고, 에너지를 불어넣어주는 것 못지않게 중요한 일이 적합한 사람을 뽑는 일일세.

주말까지 세 사람을 다 채용하고 싶다고 말했는데, 별로 현명한 생각 같진 않네. 자네의 임무는 직원을 까다롭게 채용하는 것일세. 새로운 팀원으로 하여금 자네 팀에 들어오는 게 큰 명예라고 느끼게 만들어야 하네. 까다롭게 심사해서 적합한 직원을 채용한다면 관리하기가 훨씬 수월해지지. 자, 까다롭게 채용해서 쉽게 관리하든가, 아니면 쉽게 채용해서 힘들게 관리하든가, 둘 중 하나를 택하는 것은 자네의 몫일세. 최상의 방법은 적합한 직원을 채용할 수 있게 서두르지 않고 일을 천천히 진행하는 것일세. 인터뷰를 하고 채용과정을 시작할 때 명심할 게 있네. 자네는 관리자이지만, 유능한 면접관은 아닐 수 있네. 그러니 혼자서 그 일을 해결하려고 하진 말게. 자네 능력이 부족하다는 말이 아닐세. 단지 자네가 신입사원 면접을 자주 해보지 않았을 거라는 말이네. 지난 몇 년 동안 자네가 직접 면접을 해본 사람이 몇 명이나 되는가?"

대답하기까진 그리 오래 걸리지 않았다. "작년에 두 명, 그리고 재작년에 한 명이요. 많은 사람을 면접할 일이 없었죠."

"제프, 지난 2년 동안 세 명을 면접했다면, 적합한 사람을 채용하기 위해 훌륭한 시스템이 필요할 걸세. 자네가 훌륭한 면접관이 될 수 없다는 게 아니라 면접에 필요한 기술을 자주 써먹지 않았기 때문에 그렇다는 거야. 관리자는 면접할 기회가 많지 않지. 그러니 자네가 올바른 결정을 내리기 위해서는 시스템이 필요하네. 인사부서의 린이라면 성공적인 면접에 필요한 자료를 제공할 수 있을 거라고 보네만. 린에게 채용과정에 참가해달라고 부탁할 수도 있겠지."

토니는 말을 멈추고 커피를 한 모금 마셨다.

"자네가 훌륭한 결정을 내릴 수 있도록 도와줄 몇 가지 조언이 있네. 면접할 때, 면접관들이 범하는 흔한 실수는 바로 준비부족일세. 그렇게 되면 사실에 입각한 객관적인 결정을 하기보다는 개성을 따지면서 주관적인 결정을 하게 되지. 지원자가 로비에 와 있는데 그때서야 면접을 준비한다는 게 말이 되는가? 자네가 결정하고자 하는 일에 대해 적절히 준비하지 못한 상황에서 어떻게 훌륭한 의사결정을 내릴 수 있겠는가? 그러니 실제 면접을 하기 훨씬 전부터 면접관은 제대로 준비를 해야 할 걸세.

정말이지 팀의 가장 소중한 자산이 될 사람을 그런 식으로 취급할 수는 없는 일일세. 그러니 모든 질문거리를 준비해두게나. 자네가 원하는 이상적인 예상답변까지 말일세. 이렇게 질문을 미리 준비해두어야 지원자의 대답을 제대로 들을 수가 있네. 그렇지 않으면 지원자가 답변을 하는 내내 자네는 머릿속으로 다음에 던질 질문을 고민하게 되지.

또 다른 문제는 바로 면접관이 주관적인 감정에 쌓일 수 있다는 점이네. 자네 팀에 결원이 생긴 지 꽤 지난 데다 자네 에너지가 많이 떨어진 상태라 빨리 사람을 채용하고 싶은 충동에 휘둘릴 수 있네. 적합한 사람이 아닌데 감정적으로 그 사람이 바로 적합한 사람일 거라고 섣불리 판단하는 거지. 그런데 절대로 그래선 안 되네. 그래서 린과 같은 인사부서 직원에게 도움을 청하라고 한 걸세. 그들은 팀의 결원에 대해 자네보다 주관적인 감정을 갖지 않은 사람들이니 말일세. 직원채용을 할 때에는 감정을 배제하기 위해 333 규칙을 염두에 두라고 충고하고 싶네. '필요한 자리에 최소한 3명의 후보를 선발하고, 면접관 3명이 3번에 걸쳐 면접을 한다!' 바쁜데 언제 그러고 있냐고 따지고 싶을 걸세. 하지만 자네의 임무는 직원을 까다롭게 채용하는 것이라는 것을 잊지 말게."

나는 바쁘게 토니의 말을 메모했다. 내가 미처 생각하지 못했던 훌륭한 가이드라인이었다.

"인사부서의 린이 적당한 후보자 20명을 미리 물색해놓았다고 했는데, 아주 좋은 일이네. 자네가 선택할 여지가 좀 생겼으니 말이야. 1차 면접에서 9명을 선발하게. 그리고 9명에 대한 2차 면접시간은 1차 면접시간과는 다른 시간대에 잡게나. 예를 들어 1차 면접을 아침에 했다면 2차, 3차 면접은 오후나 저녁에 하게. 그렇게 하면 그 사람들과 하루의 모든 시간대에 만나게 되고, 그때마다 그들의 반응이나 변화를 감지할 수 있지.

자네 팀에 슈퍼스타가 있다면 면접에 참여시키는 것 역시 아주 좋은 방법일세. 뭐, 지금은 없어서 아쉽지만 말이야. 그렇게 하면 후보자가 현재 자네 팀에 적합한지 아닌지 슈퍼스타가 의견을 제시해줄 수 있으니 말이야. 그리고 그들은 이런 식으로 채용과정에 참여하게 되는 것을 하나의 영광으로 생각하지. 자기 의견을 제시하고, 그것이 채용에 영향력을 행사하면 그들은 주인의식을 갖게 된다네. 손해볼 게 하나도 없잖은가. 한 가지 주의사항이라면, 만일 슈퍼스타가 채용과정에 참여하는 걸 별로 달갑게 여기지 않는다면 절대 강요하지 말게나. 아무튼 이건 다음 면접부터 적용해보도록 하게.

그리고 자네가 원하는 인물의 틀에 후보자를 억지로 짜맞추지 말게. 과연 적임자인지 아닌지 확신이 서지 않는다면 과감히 탈락시키고 다시 새로운 사람을 찾게나. 충원에만 급급해서 나머지 기준을 낮추는 일은 결코 없어야 하네. 그렇지 않으면 언젠가는 그 대가를 톡톡히 치르게 될 테니 말일세.

또 이 점을 잊지 말게. 면접과정에서 만나는 후보자의 면면은 일단 채용되면 그 이상의 것을 기대할 수 없다는 점을 말이야. 물론 회사생활을 하면서 더 많은 경험을 쌓겠지만, 면접 때 보여준 밝은 미소는 더 이상 밝아질 수 없고, 태도 역시 마찬가지네. 개인적인 용모 역시 더 나아지지는 않을 것일세. 면접 때는 팀의 모든 일에 기꺼이 참여할 것 같은 열정을 보이겠지만 일단 채용된 후에는 그만큼의 열정을 기대할 수 없단 말일세. 어떻든 면접자는 잘 보이려는 데만 신경 쓰지 않나? 그러나 면접 때 보여준 모습이 최상의 모습이라는 것을 기억하게. 내 말을 믿어도 좋네. 다 경험에서 나온 말이니까. 다시 말하지만, 결원을 충원할 때는 절대로 기준을 낮추지 말게. 알겠나?" 토니는 말을 멈추고 시계를 보았다. 놀라는 눈치였다.

"이제 막 시작한 거 같은데, 시간이 벌써 이렇게 되었군. 이번 주에 자네가 해야 할 일을 다시 한 번 말해보게나"

"우선 직원채용 과정을 천천히 진행할 거예요. 제 임무는 채용절차를 까다롭게 해서 우리 팀에 들어오는 사람은 누구든지 명예롭게 생각하도록 하는 거죠. 다음으로는 면접과정에 인사부서의 린을 포함시킬 거예요. 충분한 정보를 수집하고 좋은 결정을 내릴 수 있도록 333 규칙을 따르려고요. 이 기회가 제게는 중요한 전환점이 된다는 걸 잘 알고 있어요. 저는 훌륭한 결정을 내리기 위해 최선을 다할 거고요." 나는 토니가 당장 활용할 수 있는 낳은 자료를 준 것에 감사하며 말을 마쳤다.

"제프, 자넨 정말 훌륭한 제자로군. 새로운 팀원을 뽑는 일에 대한 자네의 열정이 느껴지네. 자, 직원을 채용할 때는 까다롭게! 그럼 다음 주에 만나세."

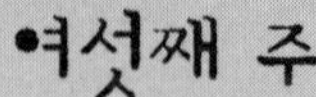

◎ 우리 회사의 가장 중요한 자산은 팀에 적합한 사
람을 두는 것이다.

◎ 내가 인터뷰를 통해 알게 되는 후보자들의 면면
은 그게 최선의 모습이다.

◎ 채용할 때 333 규칙을 적용한다. 3명의 후보자,
3차 면접, 그리고 3명의 면접관이 심사한다.

◎ 눈높이를 낮춰서 적당히 자리를 채워선 안 된다.
반드시 나중에 대가를 치르게 된다.

출구와 입구

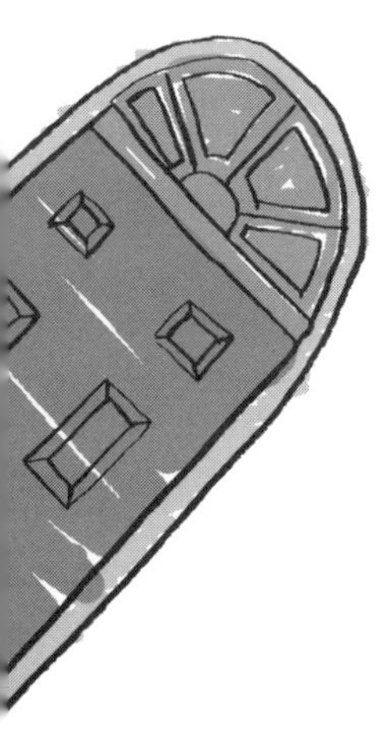

나는 일곱 번째 월요일 수업을 무척 고대해왔다. 그래서 평소보다 훨씬 더 일찍 일어났다. 한때 회사나 가정에서 난관에 봉착했던 일들이 조금씩 나아지고 있었다. 나는 약속 시간보다 일씩 토니의 집에 도착했다. 현관 벨을 누르자 토니가 반갑게 나를 맞아주었다. 그의 말쑥한 차림새는 언제나 흐트러짐이 없다.

"제프, 잘 지냈나? 일은 어떻게 되었나?" 현관문을 열어주면서 토니가 물었다. "직원을 채용하는 일에는 어떤 진전이 있었나?"

"큰 진전이 있었지요. 나는 머그잔을 들고 토니의 서재로 들어가면서 대답했다.

"저와 린은 20명의 후보자를 모두 면담했죠. 아주 버거운 일이었는데, 다행히 린이 사전에 점검해야 할 사항을 확인해주어서 후보자를 9명으로 간추릴 수 있었어요. 최종면접은 이번 주 수요일, 목요일, 금요일에 잡았죠. 다음 주 월요일 수업에는 아마 최종 후보자 3명에 대해 이야기를 나눌 수 있을 거예요. 지난주에 말씀드린 대로 채용과정을 아주 진지하게 진행했죠." 나는 의기양양해서 말했다.

"대단하군, 제프" 토니가 말했다. "그렇지, 채용을 대충하면 나중에 혹독한 대가를 치르지." 그러고 나서 토니는 말을 멈추고 나를 쳐다보았다. "그런데 오늘 아침엔 왠지 긴장한 것처럼 보이는데, 괜찮은가?"

나는 속으로 깜짝 놀랐다. "제 표정에 다 드러나나요? 물론 가정이나 일, 모두 좋아요. 아무튼 물어봐주셔서 감사해요. 그런데 업무상 몇 가지 중요한 변화가 있었어요. 하지만 우리가 논의하기로 한 주제를 약간 벗어나는 일이라 이야기하지 않으려고 했죠. 그런데 어차피 물으셨으니 말하죠.

회사조직에 큰 변화가 있었어요. 솔직히 말하면, 이제 막 팀의 핵심과업을 정하고 집중하기 시작했는데, 변화가 그 모든 것을 뒤집을까봐 걱정이 앞서요. 그래서 그렇게 보였을 거예요. 일이 얼마큼 안정되면 그때야말로 회사조직에 변화를 주어야 할 때라고 생각하는 사람들이 있나 봐요. 앞으로 어떤 변화가 일어날지 다 알진 못해요. 일단 제가 아는 건 부사장이 카렌 위 상관으로 오고, 그러면서 모든 직원들의 직급이 한 단계씩 내려갈 거라는 거예요. 토니, 당신은 이런 경험을 많이 겪었겠죠? 이럴 때는 어떻게 대처해야 하죠?”

“그게 내 전문분야라네, 제프. 조직의 변화는 내가 컨설팅하면서 많은 시간을 보낸 분야고, 또 즐겁게 일한 분야지. 창업부터 확장, 구조조정, 합병까지, 모든 것을 다 겪었지. 크기나 산업에 관계없이 기업은 두 가지 큰 이슈가 있네. 바로 변화를 어떻게 다루는가와 변화에 수반되는 커뮤니케이션의 문제를 어떻게 다룰 것인가 라네. 커뮤니케이션에 대해서는 이미 많이 이야기했으니, 이번에는 변화에 대해 이야기해보세. 내 경험을 이야기하기 전에 먼저 두 가지 질문을 해보겠네. 첫째, 자네는 변화를 어떻게 생각하지? 그리고 그런 변화에 왜 스트레스를 받는 거지?”

“일반적으로 저는 변화를 좋아하진 않아요.” 난 솔직히 말했다. “누가 변화를 좋아하겠어요? 변화 자체를 위해 변화를 시도하는 것보다 잘 돌아가는 일에 적응하는 것을 더 선호해요. 스트레스를 받는 까닭은 미래가 불투명하니 그렇겠죠. 무슨 일이 일어나고, 누가 내 상관이 되고, 우리 팀의 역할이 어떻게 변할지 알 수 없으니 말이에요.”

“자네가 말한 스트레스는 아주 정상적이고 또 자연스러운 것이지.” 토니가 내 말에 수긍하며 말했다. “그리고 자네가 모르는 해답을 나라고 다 알고 있는 건 아니네. 다만 어떤 변화가 있든 그 변화를 대하는 자네의 태도에 따라 성공이 좌지우지된다는 것만은 알고 있지. 변화를 이렇게 보게나. 자네와 회사 양측에 도약의 발판이 되는 기회로 말일세.”

내가 쉽게 이해할 수 있도록 토니는 최대한 또박또박 설명해주었다.

“우리가 출구를 통과할 때는, 그게 직업과 관련되었든 개인과 관련되었든 새로운 기회로 들어가는 입구를 마련하기도 하지. 자네가 앞으로 사회생활을 하면서 새로운 국면으로 발전해나가려면 현재의 출구를 나서야 한다네. 그게 바로 회사의 변화고, 그것은 현상유지를 나서서 새로운 시작으로 들어서는 것을 의미하지.

언젠가 헨리 포드가 이런 말을 했다네. ‘인간의 발견 중 하나는 자기가 할 수 없을 거라고 두려워했던 것을 할 수 있다는 사실을 발견하는 것이다’라고 말이야. 말하자면, 불편하겠지만 안락한 곳에서 나와 새로운 입구로 들어가야 한다는 걸 역설하고 있는 거지. 그건 나나 자네 역시 마찬가지일세.”

토니는 자기가 말하고자 하는 것을 분명히 전달하는 능

력을 가지고 있었다. "여러 사람과 함께 변화의 물결을 헤쳐나가려면 큰 용기가 필요하지. 사전의 정의처럼, 용기란 '위험하고 어렵고 고통스럽다고 생각되는 것과 대면하고 맞서는 태도'가 아닌가. 그러고 보니 세상에서 두각을 나타낸 사람들은 변화를 제대로 헤쳐나간 사람들이군 그래."

"그렇네요." 내가 대답했다. "변화와 용기를 연관지어서 생각해본 적이 한번도 없었는데, 당신 말을 듣다보니 정말 그런 듯하네요. 우리가 변화와 함께 위험이나 어려움, 고통을 겪는다는 말에 전적으로 동감해요."

"그렇지! 변화와 용기의 관계를 정확히 이해해줘서 고맙네." 토니가 미소를 지으며 말했다. "익숙한 것에서 떠나 변화하려면 반드시 용기가 필요하네. 자, 이제 용기와 공포의 관계를 알아보세. 어떤 사람들에게 용기는 공포를 느끼지 않는 것을 의미하지. 마크 트웨인은 용기를 '공포에 저항하는 것, 공포의 부재가 아닌 공포를 넘어서는 것'이라고 정의했네. 우리는 모두 길을 따라 앞으로 가고 있지. 그런데 그 길에는 공포도 있다네. 하지만 개의치 말고 계속해서 앞으로 나가야 하네. 자, 제프. 용기의 반대가 뭐라고 생각하는가?"

"음, 겁이나 공포, 뭐 그런 게 아닐까요?" 내가 대답했다.

"대개 그렇게 생각하지. 하지만 내 생각에 용기의 반대는 안주일세. 용기란, 발전하기 위해서 이제까지와는 다른 일을 시도하고 일부러 고생을 자처하는 태도지. 저항이 최소한인 길을 선택하거나 혹은 늘 그랬던 방식에 안주해서는 발전과 개선을 절대 얻을 수 없네. 변화를 겪는 중에도 집중력을 유지하려면 리더십과 용기가 필요하지. '변하지 않고 늘 일어나는 일은 변화 그 자체다' 라는 말을 들어본 적이 있나?"

"예, 아주 오래전에 처음 들은 이후로 여러 번 들었죠." 내가 대답했다.

"이 말을 언제 처음 들어보았나? 작년이었나? 2년 전인가, 아니면 3년 전인가?"

"글쎄요, 정확히 언제인지는 기억이 잘 나지 않아요. 아무튼 오래전이었어요. 벤자민 프랭클린이 한 말 같기도 하고…."

"이 말을 세상에 알린 사람은 헤라클레이투스네. 기원전 500년 전 사람 말일세. 하지만 그 역시 동굴 어딘가에 적혀 있던 말을 전했을 뿐이네. 그가 과연 빠르게 변화하는 현대의 비즈니스 환경을 예측하고 그런 이야기를 했을까?" 토니가 비유적으로 물었다.

"물론 아니네. 하지만 변화를 겪는 일은 2,500년 전이나 지금이나 변함없이 힘든 일일 걸세. 다만 그 정도만 다를 뿐 인간은 변화에 저항하게 마련이라네. 헤라클레이투스의 메시지는 간단하네. 바로 과거의 출구에서 빠져나와 기회라는 미래의 입구로 들어서라는 것이지. 과연 뭔가를 변화시키지 않고 발전할 수 있을까? 더 나아지기를 바라는 마음만으로 가능할까? 절대 불가능하다네." 토니는 분명히 지적했다.

"변화는 숨 쉬는 것만큼이나 자연스런 일일세. 그러나 사람들은 대부분 더 발전하는 방향으로 나아가는 변화를 포용하기보디는 마지막 숨 쉬는 길 더 선호하시. 변화는 자네가 안주하는 안전지대에서 빠져나와 뭔가 다른 걸 시도하는 거라네. 개선하고 발전하기 위한 기회를 잡는 거지. 변화가 없으면 예전방식의 쳇바퀴에서 빠져나올 수 없고, 그러면 결과는 늘 그렇고 그렇다네. 쳇바퀴는 결국 무덤일세. 깊이의 차이만 있을 뿐 쳇바퀴와 무덤은 똑같네."

토니는 잠시 말을 멈추고 커피를 한 모금 마시더니 일어서서 부엌으로 갔다. 그리고 잠시 후 커피를 다시 덥혀 왔다. "이거 기다리게 해서 미안하네." 토니는 짧게 사과를 하고 모락모락 김이 나는 머그잔 두 개를 탁자에 내려놓았다. 토니는 자리에 앉자마자 다시 질문을 던졌다.

"《누가 내 치즈를 옮겼을까?》라는 책을 읽어보았나?"

"몇 년 전에요." 내가 대답했다. "그 책을 읽으면서 내가 변화에 저항하고 있진 않은지 생각해보았죠."

"아주 좋은 책이지. 나 역시 재미있게 읽었다네. 그 책이 나오기 훨씬 전에 한 대학에서 변화에 대한 인간의 반응을 연구하면서 쥐를 가지고 실험을 한 적이 있었네. 바닥에 네 개의 튜브를 1인치 간격으로 놓았네. 그리고 두 번째 튜브에 네모난 치즈를 놓아두었지. 그러고 나서 쥐들을 풀었다네. 그들은 우선 첫 번째 튜브로 갔지. 하지만 거기에 아무것도 없자 일제히 두 번째 튜브로 몰려갔다네. 그리고 거기에서 치즈를 발견하고 맛있게 먹었지. 그들은 두 번째 튜브에서 생존에 필요한 최소한의 욕구를 채운 셈이지. 그런 다음 그들을 다시 원래 있었던 자리로 돌아가게 했네.

그 다음날, 똑같은 실험에서 쥐들은 역시 첫 번째 튜브로 갔다가 아무것도 없자 두 번째 튜브로 갔고, 그곳에서 치즈를 발견하고 먹었지. 이런 실험을 며칠 동안 똑같이 반복했다네. 마침내 쥐들은 첫 번째 튜브를 확인하는 게 시간낭비라는 사실을 알고, 곧장 두 번째 튜브로 가기 시작했지. 그렇게 해서 그들은 매번 치즈를 쉽사리 발견하곤 생존에 필요한 욕구를 만족시킬 수 있었네. 이런 과정이 며칠 더 이어졌지. 그러고 나서 실험자들은 치즈를 세 번째 튜브에 옮겨놓았네. 쥐들은 예전처럼 바로 두 번째 튜브로 달려갔지만, 이번엔 치즈를 찾지 못했네. 자, 쥐들이 어떻게 반응했을 것 같나?”

“아마 첫 번째 튜브로 갔거나 원래 자리로 다시 돌아갔을 것 같아요.”

“그럴 듯하네. 그런데 다시 한 번 생각해보게.” 토니가 재차 물었다.

“그럼 치즈를 찾아 세 번째 튜브로 갔나요?” 그것 외에는 마땅한 대안이 없을 듯했다.

“그랬으면 좋겠지만, 쥐들의 선택은 그렇지 않았네. 그들은 자기 욕구를 만족시켰던 두 번째 튜브에 머물면서 여전히 치즈가 나타나기만 기다렸지. 만일 그 실험을 계속했다면 쥐들은 아마 두 번째 튜브에서 치즈를 기다리면서 굶어 죽었을 거네. 변화에 대응하려는 생각은 하지 않고 말일세. 자, 어때? 인간이 변화에 반응하는 것과 비슷하지 않은가?

사람들은 이렇게 이야기하네. “잠깐, 우리는 항상 이렇게 해왔고, 또 효과가 있었다고!” 이 이야기에서 배울 수 있는 교훈은 두 가지네. 첫째, 종전의 방식으로도 편안했고 기본적인 욕구가 채워졌다고 해도 상황이 바뀌면 변화에 대응해야 한다는 것이네. 이제까지 살아온 자네의 인생이 달라진다고 하더라도 말일세. 우리는 VHS 시대를 마감하고 DVD 시대로 들어왔네. 타자기 시대에서 빠져나와 컴퓨터 시대로 진입했고, CD 시대에서 MP3 시대로 들어왔네. 모든 게 유선 시대에서 무선 시대로 들어왔지."

"그런 건 모두 좋은 변화죠." 나는 토니의 말에 동의를 표했다. "그것들은 분명 새롭게 바뀐 것이지만, 기술의 변화이기 때문에 사람이 개입된 변화보다 더 쉽게 적응할 수 있었다고 생각해요."

"하지만 변화란 기술 분야에서만 생기는 게 아니네. 주위를 한번 돌아보게. 우리가 일하는 환경이나 친구, 가족을 둘러보게. 내게 전통은 아주 중요하다네. 특히 가족의 전통은 무엇보다 소중하지. 그러나 자녀가 결혼을 하면 가족의 전통에는 변화가 생긴다네. 손자나 손녀가 생기면 또 다른 변화가 올 테고.

그러나 나는 그런 변화에 대해선 전혀 염려하지 않네. 충분히 적응할 수 있고, 또 그래야 하겠지. 만일 자네가 모든 게 예전처럼 굴러가기만 바란다면 치즈를 기다리는 쥐들처럼 굶어죽든지 아니면 비참한 모습으로 남게 될 걸세. 주위 상황이 바뀌면 앉아서 기다리지 말게. 일어서서 자네의 치즈를 찾아나서야 한다는 말이지. 용기를 가지고 말일세."

"아주 좋은 말씀이에요. 꼭 기억해둘게요." 나는 토니의 말에 그렇게 대답했다.

"이 이야기가 주는 두 번째 교훈은 우리 욕구가 충족되었어도 늘 개선을 도모하라는 것이네. 먹음직스런 치즈가 네 번째 튜브에 있었어도 쥐들은 그 순간의 욕구가 채워진 것에 만족하고 더 이상 노력하지 않았을 걸세. 결론부터 말하면, 일이 잘될 때에 더 많은 치즈를 찾아나서야 한다는 것이지. 앞으로 영원히 변하지 않을 진실이 하나 있네. 바로 변화는 결코 사라지지 않는다는 사실이지.

지난 50년 동안의 변화보다 앞으로 다가올 10년 동안의 변화가 훨씬 더 클 것이네. 그러니 철저히 준비하게. 변화를 헤쳐나가는 자네의 태도와 리더십이 자네의 성공은 물론 팀의 성공에 결정적인 영향을 끼칠 테니 말일세."

내가 대답할 차례였다. "잘 알겠어요. 이론적으로는 절대 동의해요. 그런데 모든 사람에게 변화는 어렵죠. 때로는 출구가 지나가기 더 어려운 경우가 있고요. 새로운 입구가 더 나은 기회로 안내한다는 것을 알면서도 말이에요. 제가 궁금한 것은 변화를 포용하기가 왜 이렇게 어려운가 하는 거예요. 왜 우리는 변화가 일어날 거라는 사실을 받아들이지 못하고, 그것이 더 나은 상황으로 들어가는 입구일 수 있다는 것을 믿지 못하는 걸까요?"

"좋은 질문이네." 토니가 말했다. "두 가지로 대답할 수 있네. 우선, 인간은 본능적으로 변화에 저항하도록 되어 있네. 그 변화가 아무리 사소한 것이라도 말일세. 교회에서 평소에 앉던 자리에 앉지 못하는 것과 같은 사소한 변화에도 인간은 불편한 감정을 가지게 되지.

사람들은 대부분 안정적이고 안락한 것을 좋아하네. 그런데 변화는 그와 반대지. 그것은 불편하고 불안정하게 한다네. 아무도 그런 것을 좋아하지 않지. 몸무게를 줄이거나 담배를 끊으려고 하는 사람에게 물어보게. 변화에 대해 어떻게 느끼는지 상관없이 변화는 개선하고 발전하는 데 절대적으로 필요하다네. 누군가 이렇게 말했지. '예전과 똑같은 방법으로 일하면서 전혀 다른 결과를 바라는 것은 미친 짓이다.' 이 말이 맞네. 한때 우리는 그런 말도 안 되는 기대를 품으면서 살지 않았었나."

토니는 갑자기 옆에 있는 탁자 위에 쌓여 있는 서류더미를 뒤적였다. "오, 여기 있군. 여태 찾았는데 말이야. 내 경험상 비춰볼 때, 사람들은 주로 다섯 가지 이유를 들며 변화에 저항하더군." 토니는 종이 한 장을 내게 건네주며 말했다.

"첫째, 변화는 통제할 수 없는 것이기 때문이네. 변화는 알 수 없는 미지의 것이지. 사람들이 변화를 만들어내거나 변화를 요청하는 게 아니라네. 뭔가 통제가 안 된다고 생각되면 스트레스도 받지. 그리고 저항하네. 그게 자연스러운 반응이지. 그런데 미지의 것을 익숙한 것으로 변화시키는 행동을 빨리 하면 할수록 더 나은 결과를 얻는다네.

둘째, 사람들은 왜 그들이 변화하는지 이해하지 못하기 때문이네. 변화가 왜 생기는지 이해하지 못하면 예전 방식에 묶여 있는 감정을 느슨하게 하기가 힘들지. 사람들은 과거의 익숙한 것과 결별하기 전에 변화가 왜 필수불가결한 것인지를 이해해야 하네. 변화에 동의하지 않아도 변화가 왜 일어나는지 안다면 더 빠르게 변화를 받아들일 수 있지.

셋째, 예전 방식으로 지금까지 성공해왔기 때문이네. 모든 조직에는 예전 방식으로 성공한 직원들이 있게 마련이지. 그런 사람들이 변화의 필요성을 느끼겠는가? 새로운 변화가 더 효율적이고, 지금까지의 성공을 더욱 배가시킬 수 있음에도 그들은 변화를 탐탁지 않게 여기게 마련이네. 강하게 저항하는 그룹이나 미온적인 후원자 그룹을 설득시키고 이끄는 일은 자네와 같은 관리자의 몫이지. 물론,

절대 쉽진 않을 걸세. 먼저 그들과 대화를 하게. 그들이 과거에 이룬 성공을 인정하고, 자네와 팀에게 얼마나 중요한 존재인지를 알려주게. 그리고 도움을 요청하게. 변화를 헤쳐나가면서 리더십을 발휘하려면 그들의 도움이 절대적으로 필요하다네.

넷째, 사람들은 대부분 자기가 변화에 적응할 수 없다고 느끼기 때문이지. 기술의 변화는 두 가지 면에서 사람들을 두렵게 하네. 새로운 기술을 습득할 수 없다는 자신감 부족과 변화 그 자체에서 받는 위협이 바로 그것이지. 직원들에게 자신감을 불어넣고 변화에 적응할 수 있는 능력을 개발시키는 역할이 자네 같은 관리자의 몫이라네.

다섯째, 변화에 투자해야 하는 비용이 보상보다 더 크다고 생각하기에 변화에 저항하네. 불편을 감수할 만한 가치가 없다고 생각하는 거지. 만일 변화가 가져올 성과나 결과를 이해하지 못한다면 그들은 변화에 적응하지 못하고 실패할 걸세. 자네는 관리자이니 팀이 변화하는 데 열정을 가지도록 충분히 도울 수 있네. 과거의 출구를 지나서 잠재력이 기다리는 미래의 입구에 온전히 집중하게 하면서 말이야.”

“그건 그리 쉽지 않은 주문이네요.” 내가 대답했다.

“인정하네.” 토니가 미소를 지어보였다. “영화 끝나기

10분 전에 극장에 들어가본 적이 있나? 자네는 결과만 볼 수 있었을 걸세. 만일 그 영화를 처음부터 본다면, 자네 인식은 완전히 다를 것이네. 이미 결과를 알기 때문이지. 스트레스는 줄고, 편하게 생각하면서 주인공이 겪는 시련을 즐길 수 있을 걸세.

업무상 변화가 무엇이든 직원들을 이끌 때는 그 결과에 집중하도록 하게. 보상에 대해 말하고 변화를 대면하도록 하고. 그러면 자네의 성공은 멋진 시기로 접어들 걸세."

나는 고개를 끄덕였다.

"제프, 이제 시간이 거의 다 되었네. 자, 이제 앞으로 무엇을 새롭게 시도해볼 텐가?"

"먼저, 변화를 새로운 시각으로 볼 수 있게 해주서서 감사하다는 말부터 할게요. 덕분에 변화와 용기, 개선의 연관성을 확실히 알았어요. 저희 팀에 전달하도록 노력해볼게요. 변화를 겪는 것은 스트레스 받는 일이죠. 하지만 그것을 피할 수 없다면, 결과에 집중하고 새로운 입구로 들어갈 준비를 해야겠죠.

변화하는 과정에서 저항과 마주칠 수도 있겠죠. 하지만 저는 리더니까 다른 사람보다 한 발짝 앞서 나갈게요. 헤라클레이투스가 말했듯이, 변화가 여기에 있다면 그것을 포용해야죠. 변화를 거부하면 발전 역시 멈출 테니까요."

토니는 만족스러운 표정을 지었다. "바로 그거야. 자, 이번 주 역시 행운을 비네. 다음 주 월요일 만남이 정말 기다려지겠군. 좋은 소식이 있기를 바라네."

일곱째 주

- 변화를 맞아 성공하려면 태도를 바꾸어야 한다.

- 변화는 안락한 지대에서 나와 새로운 영역으로 들어가는 것이다.

- 사람들은 변화에 저항한다. 그들이 이 점을 분명히 이해하고 긍정적인 태도로 변화를 헤쳐나가도록 돕는다.

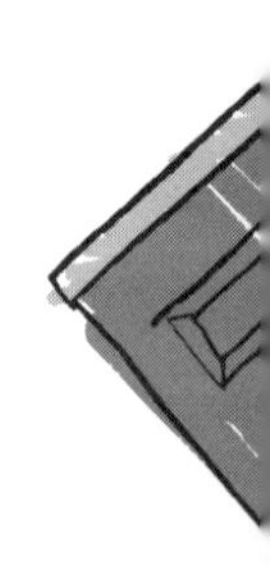

chapter 8

일을 덜 하거나 효율적으로 하라

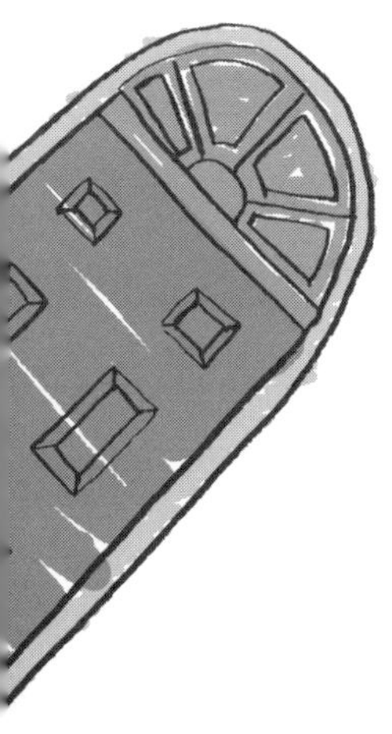

토니는 여덟 번째 월요일 만남을 걱정스레 기다리고 있었다. "제프, 이번 월요일은 그냥 앉아서 기다리기가 너무 힘들었네. 지난주 자네가 회사의 변화 때문에 스트레스를 받고 있어서 말일세. 일이 잘 해결뇌기를 얼마나 바랐는지 모른다네." 토니가 커피를 따르면서 말했다. "어떻게 되었는가?"

"믿기지 않겠지만, 카렌의 상사로 온다는 부사장의 일은 사실이 아니었어요. 부사장이 변화를 주기 전에 상황을 점검하려고 그랬던 것 같아요. 솔직히 저는 안도했지만, 만일 언제라도 변화가 생긴다면 옛 것과 결별하고 새로운 영역으로 들어갈 준비를 하고 있을 거예요."

그러자 토니가 기다렸다는 듯이 말했다. "자네 회사의 부사장은 아주 현명한 사람 같군. 사실 회사가 돌아가는 상황을 제대로 알지 못하고, 직원들에게 충분한 신뢰를 얻기도 전에 불길로 뛰어 들어가는 중역급 실무자들을 많이 보아왔네. 아무튼 아주 좋은 일이야. 자, 다른 일들은 어떤가?"

"모든 게 아주 순조롭게 진행되었어요. 그런데 채용을 하는 데 너무 많은 시간을 빼앗겨 다른 일에는 거의 집중을 하지 못했죠. 그래서 그 문제에 대해 조언을 구했으면 해요. 어떻게 하면 모든 일을 효율적으로 해결할 수 있을까요? 이번에 아주 큰 진전이 있었다고 생각합니다만, 제가 다 통제할 수 있는 범위 너머에 있는 일까지 하면서 시간을 낭비하는 건 아닌지 하는 생각이 들어요. 가족이나 팀원들과 더 많은 시간을 보내고 싶은 데 말이에요." 내가 하소연하듯 말했다.

"제프, 자넨 처음 수업에 임했을 때와 똑같은 상황에 있는 것처럼 말하는군. '아, 괴로워요. 시간이 없어요.' 글쎄, 자네의 시간관리에서 생겨나는 문제를 다른 사람의 탓으로 돌리고 있는 건 아닌가? 한 가지 물어보겠네. 자네 말고 누가 자네의 시간을 뺏을 수 있는가?"

"그렇게 말씀하시니 좀 섭섭하네요. 전 다만 제가 통제할 수 없는 일들 때문에 시간을 허비하느라 정작 집중하고 싶은 핵심과업에 충실하지 못했다는 점을 말했을 뿐인데요."

"이런, 본의 아니게 지나치게 말했다면 미안하네." 토니는 정중하게 사과했다.

"내 말은 자네 시간에 대해선 자네가 책임져야 한다는 의미일세. 만일 자네가 핵심과업을 수행할 수 없다고 해도, 문제를 해결할 수 있는 사람은 역시 자네뿐이지. 자네 팀은 자네가 그 핵심과업을 이루길 바라고 있네. 자네의 시간관리 문제가 제기되는 시점이지.

제프, 자넨 상황에 대한 통제력을 가져야 할 것처럼 보이네. 스트레스나 불안, 불만족의 주요 원인 가운데 하나는 바로 자기 삶을 통제할 수 없다는 기분이거든. 그러니 스스로 주도권을 쥐고 인생을 살아나갈 수 있도록 시간을 조절하는 방법을 찾아야 하지. 물론 우리 맘대로 시간을 조절할 수 없는 상황 역시 얼마든지 있을 수 있네. 엘리베이터나 신호등, 줄을 서서 기다려야 하는 일…. 우리가 어떻게 해볼 수 있는 여지가 전혀 없는 상황들이지. 하지만 일의 경우는 다르다네. 우리가 조절하고 통제할 수 있는 상황이 많지. 사실 나는 지난 몇 년 동안 시간관리를 공부해왔네. 시간관리는 내가 가장 좋아하는 분야이기도 하지.

내가 배운 대로라면 시간관리에는 왕도가 없다네. 한 가지 일을 하는 데 걸리는 시간을 두 세 시간씩 줄일 수 있는 사람은 아무도 없을 거야. 하지만 여러 가지 업무에 대한 시간안배를 잘 해서 하루에 한두 시간을 절약하는 사람들은 많이 보았지."

토니의 말에 나는 귀가 번쩍 뜨였다. 사실 대학을 졸업한 후로 시간부족이나 시간관리 문제가 가장 어려웠기 때문이다.

"만일 자네가 시간을 더 효율적으로 사용하고 싶다면, 여기저기서 낭비하고 있는 시간을 조금씩 찾아내게. 여기서 1분, 저기서 5분…. 이런 식으로 말이야. 그런 식으로 조금씩 확보한 시간을 합하면 자네가 활용할 수 있는 시간이 충분히 생긴다네. 감당하지 못할 정도로 많은 일을 하는 것도 아닌데, 시간관리를 잘못해서 무리를 하는 사람들도 있지. 그런 사람들은 대부분 더 열심히 일을 해도 계속해서 시간이 모자라지. 잘못된 방식으로 열심히 일을 해봤자 효율은 절대 높아지지 않네.

먼저 일과 일의 단계를 줄이고, 몇 가지 일을 통합하고, 일을 더 수월하게 할 수 있는 방법을 찾아야 하네. 아무도 시간을 저축할 수 없다는 사실을 잊지 말게. 누구나 쓸 수 있는 시간은 똑같네. 시간을 남겨서 다음날로 가지고 갈 수는 없지. 시간을 저축할 수 없으니 우리가 할 수 있는 선택은 시간을 어떻게 활용할 것인지 하는 것뿐이고.

내가 아는 시간관리 방법은 두 가지가 있네. 일을 덜하거나 아니면 더 효율적으로 빨리 하는 것이지. 이것은 우리가 할 수 있는 유일한 선택이기도 하네. 물론 없애도 되는 일, 못한다고 말할 수 있는 일도 있지. 하지만 오늘은 일을 더 빨리 하는 방법에 대해서만 이야기하겠네. 어떻게 하면 일을 더 빨리 할 수 있을까? 이게 우리가 오늘 짚어보고 넘어가야 할 문제라네."

토니의 말을 들으면서 나는 몇 가지 질문사항을 빠르게 적은 후에 토니의 다음 말을 기다렸다. "매일 자네 시간을 뺏어가는 도둑에는 무엇이 있지?" 토니가 물었다. 나는 상황을 구체적으로 떠올리지 않고 그냥 막연하게 대답했다.

"가장 큰 도둑은 방해죠. 마치 제가 정보를 얻을 수 있는 유일한 사람인 것처럼 팀원들이 업무 중에 늘 이런 저런 질문을 하니까요. 물론 산더미 같은 서류작업이나 다 참석해야 하는 회의 역시 시간을 훔쳐가는 도둑이라고 할 수 있죠."

"그럼, 그런 방해, 그러니까 서류작업이나 잦은 회의 때문에 자네 시간의 몇 %를 낭비하고 있나?" 토니는 그 정도가 얼마인지 진짜로 알고 싶은 듯했다.

"글쎄요. 잘 모르겠지만 많지 않을까요? 어떤 때는 그런 일을 하느라 하루를 다 허비하는 경우도 있는 것 같아요."

나는 가능한 한 사실적으로 말했다.

"바빠 죽겠다고 호소하는 사람들의 전형적인 상황과 아주 비슷하구먼. 하루 일과를 마치면 녹초가 되어서 퇴근을 하고, 언제 그렇게 시간이 흘렀는지조차 모르지. 자네가 가장 먼저 이해해야 할 것은 지금 이 순간에도 자네의 시간은 흘러가고 있다는 것일세. 사실을 직시하게. 자네가 진정 뭔가 개선하고 싶다면, 과연 무엇을 개선해야 하는지 알아야만 하네. 그 해답 찾는 것을 돕기 위해 내가 제안 하나 하지.

지금까지 받은 수업을 토대로 지난 2주간 자네가 시간을 사용한 방식을 추적해보게. 그것을 통해서 자네가 개선하고자 하는 사항을 결정하게. 자네가 한 일과 그 일을 한 방법에 따라 시간을 어떻게 사용했는지 한 눈에 알 수 있다네. 자,

일하는 방법

핵심과업을 제대로	핵심과업을 잘못
예 꼭 필요한 회의를 효율적으로 한다.	예 꼭 필요한 회의를 하는 동안 두 시간을 허비한다.
불필요한 일을 제대로	불필요한 일을 잘못
예 필요하지 않은 회의를 효율적으로 한다	예 불필요한 회의로 모든 사람들의 시간을 낭비한다

자네가 사용한 시간을 네 가지 유형으로 나눠보게. 핵심적인 일을 한 시간, 잘못된 일을 한 시간, 일을 제대로 한 시간, 일을 제대로 못한 시간으로 말일세. 예를 들어 회의를 하면서 시간을 활용할 수 있는 방법을 표처럼 나누어보는 거야.

우리가 하는 일은 모두 이 네 가지 범주 중 하나로 분류될 수 있네. 자네가 지난 2주 동안 한 일을 추적해보면, 무엇을 개선해야 할지 금방 알 수 있을 걸세. 자넨 팀의 핵심과업을 이미 정했네. 이젠 자네의 활동이 핵심과업인지, 또 얼마나 제대로 잘하고 있는지 분류해보게. 관리자의 시간관리에서 개선할 부분은 대개 세 가지라네. 우선순위와 정리, 집중, 잦은 회의. 몇 주 전 자네와의 만남을 준비하면서 각 영역별로 내가 알아낸 최상의 시간관리 요령을 몇 가지로 정리했네. 자, 적어보게. 이걸 이용해서 자네의 인생을 변화시키게." 나는 펜과 노트를 들고 받아쓸 준비를 했다.

"파레토의 법칙이라고 들어보았나?" 토니가 물었다.

"예, 자세히는 모르지만요." 내가 대답했다. "제가 영업부서에 있을 때 우리 고객의 20%가 회사수익의 80%를 올려준다는 소리를 들었어요. 당시 팀장님이 그걸 파레토의 법칙 혹은 80/20 법칙이라고 부르더군요. 그런데 왜 파레토의 법칙이라고 부르는지는 잘 몰라요." 나는 토니의 물음에 얼마큼 사전 지식을 가지고 있었던 점 때문에 기분이 좋아졌다.

"자네 팀장의 말이 옳다네. 하지만 파레토의 법칙은 영업에만 한정되는 게 아니라네. 그보다 훨씬 더 넓지. 1980년대 알프레도 파레토*Alfredo Pareto*라는 이탈리아 경제학자가 이 법칙을 발견했지. 그는 당시 이탈리아에서 20%의 국민이 국가 부의 80%를 차지하고 있다는 사실에 주목했지. 그 후에 다른 영역을 관찰해보니 80/20 법칙이 똑같이 맞아떨어졌네. 시간관리에도 이 파레토의 법칙은 아주 유용하게 적용할 수 있네. 자네가 할 일은 자네 개인과 팀의 업무 중에서 어디까지가 최상의 수익을 낼 수 있는 활동인지를 알아내고, 결과가 좋지 않은 활동은 가능한 한 많이 줄이는 것이네. 만일 자네의 시간과 에너지를 가장 중요한 업무에 집중해서 효과적으로 수행하고 이룰 수 있다면 자네는 분명 성공할 걸세. 반대로 중요하지 않은 일에 시간과 에너지를 낭비하면서 절반 밖에 마치지 못하면 자네는 성공하지 못하네. 아주 재미난 퀴즈를 하나 내지." 토니가 가볍게 말했다.

"오늘 당장 해결해야 할 과제가 다섯 가지 있다고 해보세. 자, 파레토의 법칙에 입각해서 그중 한 가지가 전체의 80%의 결과를 가져온다고 가정해보세. 사람들은 대개 그 다섯 가지 일 중 어떤 것을 가장 먼저 할 거라고 생각하는가?"

"가장 큰 결과를 가져올 과제를 먼저 하겠죠. 저도 그렇고요." 내가 대답했다. "그렇지 않을까요?"

"아주 훌륭한 대답이네, 제프. 하지만 사람들은 대부분 질질 끌면서 가장 중요한 일을 가장 나중에 하네. 가장 완성하기 어려운 과제라서 그럴 수도 있고. 다른 일로 분주해지면 정작 중요한 일은 맨 뒤로 미루고, 결과적으로 얻는 것은 하나도 없지. 자네 대답대로 전체 80%의 결과를 가져오는 과제를 먼저 한다면, 사실 우리가 이렇게 시간관리에 대한 문제로 논의할 필요조차 없을 걸세."

"당신 말이 맞아요, 토니." 나는 솔직하게 인정했다.

토니는 계속해서 설명했다. "우선순위를 매기는 것이야말로 바로 시간을 관리하는 첫 단계라네. 일단 가장 중요한 업무를 선택하게. 그리곤 그 업무를 재빨리, 제대로 수행하게. 사람들은 대부분 실제로 일은 하지 않으면서 해야 할 일 때문에 스트레스만 받지. 그러니 항상 자네 스스로 물어보게. 지금 당장 시간을 할애해야 하는 가장 중요한 일이 무엇인지를. 그리고 시작하게. 일단 중요한 과제를 시작해서 수행하면 스트레스가 없어지고 하루 내내 기분이 좋아진다네.

내게 가장 중요한 활동 중 하나는 매일 방해 받지 않을

시간 계획을 우선 세우는 거지.” 토니가 말했다. “나 역시
습관을 들이기까지는 많이 힘들었다네. 하지만 20분간 집
중해서 하는 일이나 중간 중간 다른 일을 하면서 60분간 하
는 일의 결과가 같더군. 20분을 내기가 힘들다면, 우선 10분
이라도 시간을 내보게. 그렇게 투자한 시간에 대한 보상이
상당할 걸세. 그것은 내가 보장하지. 사무실 문을 닫고 생각
해보게. 당장 무엇을 해야 하고, 어떤 순서로 해야 할지를
말일세. 하루 동안 집중해서 할 일을 정하는 것 하나가 엄청
난 차이를 만든다네.”

“아주 그럴 듯하지만, 지금 당장 해야 할 일조차 다하지
못하는데 어떻게 나만의 시간을 확보할 수 있죠?” 내가 말
했다.

“좋은 질문이네, 제프. 하지만 나는 그 질문을 잘 이해하
지 못하겠네. 만일 자네가 10분을 투자해서 계획한다면 30
분 이상의 생산성을 이룰 수 있네. 이 정도면 충분히 가치
있는 일 아닌가? 실제로 자네가 해야 할 일을 할 만한 절대
적인 시간이 없을 수도 있네. 하지만 그럴 때일수록 우선순
위를 정해서 가장 중요한 일이 무엇인지를 선명하게 이해해
야 하지 않겠나? 지금 해야 할 일이 무엇인지 정리할 자네
만의 시간을 가진 다음에 행동해보게. 그때서야 비로소 알

수 있을 걸세." 토니가 자신 있게 말했다.

"자, 이제 서류를 처리하는 일에 대해 이야기해보세. 누구나 그렇듯이 자네 역시 검토해야 하는 서류에 파묻혀 힘들어 죽겠다고 생각할 걸세. 자, 내 해결책은 이렇다네. 어떤 서류는 정말 중요하고 핵심과업처럼 여겨야 하네. 하지만 어떤 서류는 전혀 쓸모없다네. 가져다 버려도 누구 하나 개의치 않지. 관리자라면 중요한 서류를 신속하게 처리해서 그것 때문에 다른 중요한 업무를 해결하지 못하는 일이 없게 해야 하네.

시간관리에 관한 조언을 해주는 사람들은 서류를 한꺼번에 처리하라고 말하지. 맞는 말이네. 서류를 처리하는 데 있어 핵심은 서류를 쌓아두지 않는 것이라네. 버리거나 그렇지 않으면 조치를 취해서 이관을 하거나, 보류파일에 집어넣거나, 아무튼 서류는 절대 쌓아두면 안 되네. 물론 모든 서류 작업을 단 한 번에 일괄적으로 처리할 순 없지. 하지만 명심하게. 아무 조치를 취하거나 평가하지 않은 채 서류를 쌓아놓고 있으면서 시간을 질질 끌거나 다시 고치는 짓은 절대 시간낭비라는 것을 말이야. 자네, 그거 아나? 자네가 검토해야 하는 서류의 상당수가 전혀 필요 없는 거라는 걸

177

말이야." 토니가 물었다.

나는 긍정적인 표시로 고개를 끄덕였다.

"자네에게 들어오는 모든 서류를 보관하지 말게. 꼭 필요한 보고서인지 판단해서 그게 아니면 그냥 버리게. 만일 자네에게 필요한 게 장황한 보고서가 아니라 간단한 품목 리스트라면, 보고서 작성자에게 말해서 보고서 대신 자네가 필요로 하는 품목 리스트만 가져오라고 요구하게. 한 가지만 더 점검해보지. 지금 당장 자네의 사무실에 간다면 책상 위에 뭐가 있을 것 같나?" 토니가 물었다.

"음, 새로 시작하는 주이니만큼 몇몇 서류가 올라와 있겠죠. 뭐, 서류가 어지럽게 쌓여 있을 거예요."

"그렇다면 사무실에 가는 대로 책상을 정리하게. 책상 위에 놓인 대부분의 서류가 한눈에 보이게 말일세. 책상 위에 뭔가가 복잡하게 쌓여 있어야 왠지 중요한 사람처럼 보이지 않을까 하는 생각을 하지 말게. 정말 어리석은 짓이네. 책상이 제대로 정리되어 있지 않다는 것은 자네가 정리가 안 되었다는 증거일 뿐이네. 게다가 책상 위에 어질러진 서류는 자네의 귀중한 시간을 빼앗는 도둑이라네." 나는 고개를 끄덕였다. 사무실에 돌아갔을 때 상황이 어떨지 생각하자 다소 당황스러웠다.

　"다른 정리 습관은 비슷한 활동을 하나로 묶어서 처리하는 것이네. 그러면 한꺼번에 시작해서 한꺼번에 끝낼 수 있지. 전화업무나 음성메일 관련업무는 한꺼번에 처리하게. 편지나 메모를 쓰는 일 역시 한번에 몰아서 하게." 토니는 계속해서 말했다.

　"이렇게 묶어서 처리할 수 있는 다른 일은 이메일 관리네. 하루에 몇 번만 메일을 확인하고 답장을 하게. 하루 종일 수신함을 들여다보고 살 수는 없잖은가. 자네가 10분에 한 번씩 이메일을 확인하는 사람이 아니길 바라네. 나 역시 매일 셀 수 없을 만큼의 이메일을 받네. 하루 종일 답장만 써야 할 정도로 많지. 물론 오해는 말게. 나 역시 이메일을 유용한 도구로 여기니까. 다만 철저한 일정관리를 통해 내 하루 일과에 영향을 미치지 않게 할 뿐이지. 우리가 10분마다 우체국을 들락날락하지는 않으니 이것 역시 충분히 가능할 걸세. 여기 이메일을 관리하는 몇 가지 유용한 지침을 주겠네.

　첫째, 비즈니스에 중요하지 않은 메일과 스팸 메일을 제외한 나머지 메일을 다른 디스크에 저장해두게. 언제라도 확인할 수 있도록 말이야. 둘째, 수신함을 늘 비워두게. 저장하거나 지우면서 수신함을 정리하는 거지. 그냥 수신함에 쌓아놓진 말게. 수신함을 열었는데 엄청난 메일이 쌓여 있으면 스트레스를 받을 수 있거든. 자, 이쯤에서 질문 하나 하지. 하루에 카렌이나 팀원들에게 몇 번이나 전화를 하지?"

"업무가 급하게 돌아갈 때는 바로바로 확인을 하죠. 그래야 한다고 말하려는 것인가요?" 나는 지레 짐작해서 그렇게 말했다. 그게 바른 태도라고 생각했던 것이다.

"글쎄, 시급한 문제라면 바로 전화를 해야겠지. 자네 업무가 상당 부분 늘 그렇게 급한 모양이군. 하지만 카렌이나 팀원들에게 말로 서류를 대신하는 것이라면, 그들이 업무에 집중하는 것을 아무 때나 방해해선 안 되네. 비상사태가 아니라면, 상의해야 할 사항이 최소한 두 가지가 될 때까지 기다리게나. 그리고 나서 전화해서 한번에 물어보게. 불필요한 시간낭비를 반으로 줄일 수 있을 걸세. 자네나 상대방 모두 말이야.

일을 묶어서 처리할 때의 관건은 이 일에서 저 일로 왔다 갔다 하는 걸 줄이는 거라네. 업무를 일괄처리하면 적어도 하루에 10분에서 20분은 벌 수 있을 걸세. 자, 그럼 이제 다른 영역으로 넘어가보세. 자네는 점심식사를 언제 먹나?" 토니가 물었다.

"대개 12시쯤 나가죠. 그래야 팀원들과 함께 점심식사를 할 수 있으니까요."

"팀원들과 함께 점심을 먹는다니 아주 좋은 일이군. 그러나 10분에서 15분 정도를 절약할 수 있는 아주 간단한 방법이 하나 있네. 11시나 1시에 점심을 먹게나. 다들 왜 12시에 점심식사를 하지? 사람들이 한번에 몰리니까 엘리베이터 앞이나 식당에서 줄을 서서 기다리지 않나? 사무실로 돌아올 때 역시 마찬가지고. 그러면서 점심시간이 짧다고 불평들을 하지. 자네 팀에 이렇게 제안해보게. 분명히 점심시간을 10분에서 15분 정도 절약할 수 있네."

토니의 제안은 아주 탁월했다. 나는 급하게 메모를 했다.

"자, 이제 시간관리의 다른 영역인 집중에 대해 이야기해보세. 자네가 업무에 집중하지 못하게 방해하는 게 무엇인가?"

"카렌과 팀원, 고객과의 전화, 뭐, 그 정도인 것 같아요." 나는 마땅히 대답할 게 없었다.

"그렇다네." 토니가 말했다. 나는 속으로 안도의 숨을 쉬었다.

"사람들은 대부분 업무에 집중하는 것을 누가 방해하는지, 또 왜 방해를 받는지 모른다네. 그나마 자네는 집중을 방해하는 뭔가가 있다는 것을 아는 모양이군. 일주일 혹은 그 이상 동안 자네가 집중하는 걸 방해하는 사람이 누구인지, 그리고 왜 방해하는지 조사해보게. 그러면 어떻게 그 문제를 바로잡아야 할지에 대한 유용한 정보도 얻고, 또 필요한 결정을 내릴 수 있을 걸세.

물론 고객의 경우는 업무상 어쩔 수 없지만, 그것 말고도 집중하지 못하게 하는 것들은 많다네. 내 경험상 볼 때, 그런 것들을 완전히 없앨 순 없네. 하지만 최소한 방해 받는 시간을 줄일 순 있었네. 거기에는 일반적인 규칙이 있지.

우선, 모든 통화는 요점만 간단히 하고, 누군가 자네 사무실에 들어와서 자네가 집중하는 것을 방해할 경우 편안하게 앉아 있을 시간을 주지 말게. 방해하는 사람은 편하면 편할수록 더 오래 있으려고 할 테니 말이야. 일단 누군가 들어오면 자네가 먼저 자리에서 일어나게. 서서도 업무를 똑같이 볼 수 있지 않은가? 어쩌면 앉아서 하는 것보다 더 빠를 거야.”

토니의 충고는 내게 새로운 아이디어를 던져주었다. “아주 흥미롭네요. 토니, 당신 말이 맞아요. 저도 가끔은 그렇게 하고 있어요. 누군가 사무실에 들어오면 자리에서 일어나죠. 제 책상이 문을 마주보고 있어서 많은 사람들이 제가 무슨 일을 하든 상관하지 않고 불쑥불쑥 안으로 들어오거든요.”

"자네 책상이 문 쪽을 보지 않게 배치하는 것도 좋은 생각이네. 사무실 집기 역시 업무에 집중하는 걸 방해하는 요인이 될 수 있으니까. 그러니 주위 사람들이 오가는 게 보이지 않도록 책상을 옮기게. 그렇지 않으면 지나가는 사람들한테 인사한답시고 시간을 뺏길 것이고, 악의는 없었지만 결과적으로 자네가 업무에 집중하는 걸 방해하는 게 될 테니 말이야.

그리고 최소한 한 달에 한 번은 상사나 팀원과 일대일 면담을 잡아두게. 자네가 해야 하는 모든 이야기를 모았다가 면담시간에 일괄적으로 처리하면 서로 업무에 십중하는 걸 방해하지 않게 되지. 한편으론 정기적으로 커뮤니케이션을 할 수 있으니 카렌과의 문제 역시 해결할 수 있을 걸세.

마지막으로 업무에 집중하는 걸 방해하는 자네의 행동이 무엇인지 팀원들에게 물어보게. 자네가 미처 생각하지 못했던 대답을 들을 수 있을 걸세. 그것을 통해 자네와 팀원들은 귀중한 시간을 절약할 수 있지. 오늘 시간을 마치기 전에 내가 최고의 시간낭비라고 생각하는 잦은 회의에 대해서 논의해보세.

제프, 나는 지금까지 질릴 만큼 많은 회의에 참석해봤네. 그 결과 내가 발견한 게 있는데, 대부분의 회의는 시간을 절반으로 줄일 수 있다는 사실이네. 회의에 참석하는 사람들이 미리 준비하고 시간을 엄수하고 회의에 온전히 집중한다면 충분히 가능한 일이지. 비생산적인 회의에 참여하느라 한 사람이 1년에 소비하는 시간이 얼마인지 아나? 자그마치 250시간이네. 잦은 회의로 그렇게 많은 시간과 돈을 낭비하는 셈이지.

한 가지 더. 회사의 회의는 아주 비싸다네. 아마 손익계산서에 계정과목을 갖지 않은 가장 비싼 종목일 걸세. 한번 생각해보게. 열두 명의 중역이 한 시간 회의하는 데 5천 달러, 혹은 그 이상을 쓴다고 말이야.

그러니 자네는 회의를 생산적으로 아주 짧게 이끌게. 팀원들에게 물어보게. 회의를 효율적으로 하기 위한 아이디어가 있는지를 말이야. 그들이 하는 말에 귀를 기울이게. 그들이 주인의식을 가지고 회의에 참여하도록 만들게. 자네 팀원들에게 직접 조언을 할 수 없으니 몇 가지 제안을 하지.

첫째, 정기적으로 한다는 이유만으로 회의를 하는 '정기회의 신드롬'에 빠지지 말게. 그 회의가 진짜 필요한지 확인하게. 일상적인 회의라도 자네의 목표달성이나 발전을 위한 게 아니라면 좋은 투자라 할 수 없지. 그러니 꼭 필요할 때에만 회의를 하게. 핵심과제는 늘 핵심과제로 처리하고, 회의를 시작하면 가장 중요한 의제부터 처리하게. 그것만이 꼭 필요한 사안을 신속하게 처리할 수 있는 방법이라네. 만일 백 달러짜리 문제를 수천 달러짜리 회의로 처리한다면 큰 문제가 아닌가?"

토니의 지적은 섬뜩하리만큼 정확하고 날카로웠다. 나는 그것들을 즉시 실행하고 싶었다. 최근에 우리 팀원들이 작성한 보고서 때문에 적잖이 긴장하고 있는 이때, 한번 시도해볼 가치가 있는 일이었다. 토니가 다른 질문을 던졌다.

"누군가 회의에 10분 늦으면 어떤 일이 일어날까? 자네 팀의 미들스타 중 하나가 늦게 오면 자네는 어떻게 처리할 텐가?"

"그렇다면 10분 정도 기다렸다가 회의를 시작해야겠죠. 이미 회의가 시작되었다면 앞에서 논의한 내용을 정리할 수 있도록 알려줘야 하고요." 내가 대답했다.

그러자 토니가 마치 기다렸다는 듯이 반박했다. "대개 관리자는 자기 팀의 슈퍼스타나 미들스타에게 그런 식으로 대접하지. 하지만 만일 그렇게 한다면 다른 사람들보다 그 사람이 더 중요하다는 인상을 팀원들에게 심어줄 수 있기 때문에 조심해야 하네. 내 제안은 이렇다네.

　회의는 늘 정시에 시작하고, 늦게 들어오는 팀원에게 이제까지 처리한 내용을 요약해서 알려주지 말게. 그러면 지각한 팀원에게는 상을 주고, 정시에 참석한 팀원에게는 벌을 주는 꼴이 되어 버리지. 그러니 책임감을 가지고 회의에 참석하도록 하고, 생산적인 안을 제시하는 팀원에게는 상을 주고, 늦는 팀원에게는 벌을 주게.

　아마 회의의 효율을 높이는 가장 좋은 방법은 정시에 시작해서 정시에 마치는 것일 거네. 예정시각보다 회의를 늦게 시작하는 것은 예의에 어긋나는 행동일 뿐만 아니라 타산이 맞지 않는 투자일세. 10명이 참석하는 회의를 3분 늦게 시작했다고 해보세. 그럼 전체로 따지면 30분을 허비하는 셈 아닌가? 그 점을 잘 생각해보게. 만일 회의가 3시에 마치기로 예정되었다면 단 1분만 늦어져도 팀원들은 시계를 쳐다보며 끝나기만을 기다릴 걸세. 마치기로 한 시간보다 늦어질수록 자네의 생산력 역시 그만큼 물 건너간다는 소리지.

　회의시간을 낭비하게 하는 다른 주범은 이미 결정을 내린 사안에 대해 계속 말하는 사람이라네. 어느 조직이나 그런 사람이 있게 마련이지. 그걸 절대 용납하지 말게. 사안마다 시간을 정하고 계속 앞으로 진행하게. 점심시간에 회식을 하면서 회의를 하는 것은 어떤가?" 토니가 물었다.

"팀원들과 회식 미팅을 별로 해보지 않았어요. 하지만 다른 사람들에게 그런 요청은 자주 받았죠." 내가 대답했다. "회식 미팅을 제안 받으면 주관자가 누구인지를 확인하죠. 그럼 그게 중요한지 아닌지를 금방 알 수 있죠."

"자네 말이 맞네." 토니가 말했다. "회식자리에선 의제를 논의하는 사람에게 집중하기가 쉽지 않네. 내 규칙은 이렇다네. '식사를 하면서 회의를 하지 말 것.' 그냥 식사를 하든지 회의를 하든지 둘 중 하나여야지, 두 가지를 동시에 할 수는 없다네. 만일 회식 중에 나온 안건이 충분한 시간을 투자할 만큼 가치 있는 것이라면 접시에 놓인 음식 말고 의제에 집중해야 할 거야. 그러고 나면 모든 사람이 점심식사를 즐길 수 있도록 약 30분 동안은 배려해야 하고. 만일 점심식사 후에도 회의가 계속될 것 같으면 절대 칠면조 요리를 점심식사로 준비하지는 말게. 칠면조 요리에는 자연적인 진정제 성분이 첨가되어 있어 긴장하고 집중하는 데 도움이 되지 않으니 말일세.

마지막으로 이야기해주고 싶은 것은 자네의 개인적인 시간이네. 많은 간부들이 중요한 과제를 실행하느라 숨 쉴 겨를 없이 바쁘다는 걸 잘 아네. 하지만 자네는 물론 자네 가족을 위한 시간이 있어야 하지 않나. 일찍 잠자리에 들고, 열심히 일하게. 하지만 일주일 중 하루는 온전히 시간을 내어 쉬어야 하네. 이제까지 미뤄왔던 휴가를 즐기게. 누구나 가끔 재충전 할 시간이 필요한 법이지.

시간관리의 역설은 바로 오래 쉴수록 중요한 업무를 성취하고 해결할 수 있다는 것이라네. 에너지가 충전돼야 태도가 좋아지고, 자네 주위 사람들의 생산성 역시 높아지는 법이지. 자네가 매일매일 어떻게 살아가는가 하는 것은 자네의 선택일세. 자네는 자네가 이루고 싶은 것을 이루는 데 필요한 시간과 자원을 이미 가지고 있잖은가. 자네 아닌 다른 사람이 그 시간을 만들어줄 순 없네. 시간에 관한 결정은 자네가 해야만 하는 거지.

지금까지 이야기한 것은 자네가 시간을 더욱 유용하게 사용하도록 도울 수 있는 몇 가지 아이디어에 불과하네. 이외에도 시간관리 팁은 여러 가지가 있을 수 있지. 얼마간의 시간을 내서 시간관리에 관한 책을 읽고, 일상의 자잘한 일에서 시간을 조금씩 절약해보게. 시간에 관한 이야기가 나왔으니 말인데, 이번 주 수업시간이 거의 다 된 것 같군." 토니는 자기 조언대로 정시에 수업을 끝냈다.

"자, 이번 주에는 무엇을 해야 하지?"

"글쎄요, 일단은 채용과정을 마칠 예정이에요. 그게 이 주에 해결해야 할 가장 중요한 업무죠. 당신의 이야기를 들으면서 더 효율적으로 개선할 수 있는 방법에 대해 점검해볼 수 있어서 좋았어요. 잘하면 팀원들과 저 자신을 위해 얼마간의 여유시간을 만들 수 있을 것 같아요. 그리고 제가 업무에 집중하는 걸 방해하는 사람이 누구이고, 제가 남들을 방해하는 횟수는 얼마가 되는지 추적해볼까 해요. 아마 팀원들을 방해하는 사람 1순위는 제가 아닐까 싶네요. 그리고 시간관리에 관한 책을 사서 읽고, 제 시간과 인생을 관리하는 데 도움이 될 만한 아이디어를 찾아볼 거예요."

"좋았어, 제프" 토니의 기분 좋은 대답에 나까지 덩달아 자신감이 불쑥 생겼다. "조금씩 철저히 시도해보게. 자넨 분명히 자네와 가족을 위한 시간을 더 많이 가질 수 있을 걸세. 자, 다음주에 보세."

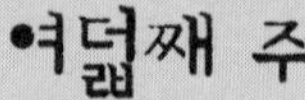

- 내 시간은 내가 책임진다. 시간관리를 잘해야 내 인생을 내 의지대로 살 수 있다.

- 회의를 반으로 줄인다.

- 무엇을 제거하고, 무엇을 짧게 할 것인지에 대해 2주 동안 점검한다.

- 우선순위, 집중, 시간관리를 통해서 자잘한 시간을 아끼고 모은다.

양동이와 국자

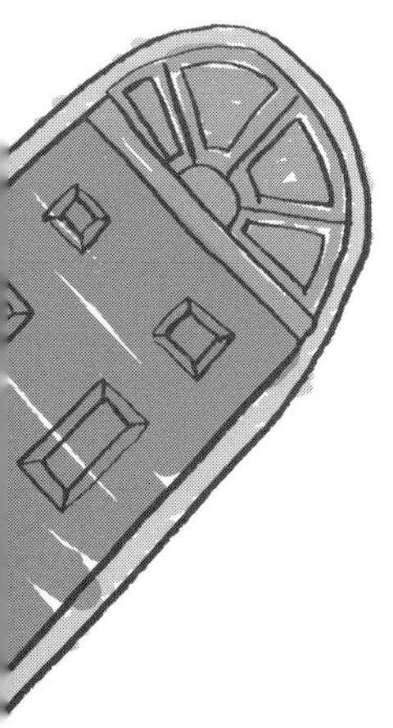

오전 8시 30분 , 시간을 딱 맞춰 토니의 집에 도착했다.

"잘 지냈나, 제프? 지난주엔 어떻게 지냈지?" 나를 서재로 안내하면서 토니가 물었다. "팀원을 채용하는 과정은 좀 진진이 있었나? 시간관리는 어땠시? 시산을 더 잘 보낼 수 있을 것 같던가? 물론 난 자네 팀이 어떻게 하고 있는지에 대해서도 얼른 들었으면 하네." 토니가 이렇게 적극적으로 물어봐주니 기분이 좋았다. 나 역시 월요일 아침을 고대하면서 주말을 보냈던 터라 더욱 그랬을 것이다.

"지난주 역시 많은 발전이 있었어요. 저와 린은 면접을 마무리 지었고, 우수한 후보 3명에게 자리를 배정했죠. 그 중 2명은 입사를 수락하고 2주 안에 출근하기로 했어요. 나머지 1명은 이직을 미루고 입사를 취소했죠. 저는 그 다음으로 점수가 좋은 후보에게 입사를 제의할까 했는데, 면접에 함께 데려갔던 저희 팀 마크가 그 후보는 우리 팀에 적합하지 않다고 하더군요. 그는 시간이 좀 걸리더라도 자격을 갖춘 후보를 물색해보면 어떻겠냐고 제안했어요. 채용은 까다롭게 하고 기준을 절대 낮추지 말라고 하신 말씀 때문에 전 린에게 마지막 남은 한 자리에 적합한 사람을 다시 찾아보자고 요청했어요.

두 신입사원과 함께 일할 생각을 하면 아주 흥분돼요. 토니, 당신이 일러준 시간관리 요령도 여러 가지로 시도해보았죠. 시간을 주로 뭐하는 데 쓰는지 기록해봤더니 정말 중요하지 않은 일에 많은 시간을 뺏기고 있더라고요. 그리고 우리 사무실에 최소한 하루에 여섯 차례씩 제 일을 방해하는 사람이 있다는 것도 알아냈죠. 저는 우리가 하루에 몇 차례나 서로 이야기하는지 기록한 종이를 그녀에게 보여주었어요. 그랬더니 그녀는 그렇게 자주 저를 불러댔다는 사실에 믿을 수 없다는 표정을 짓더군요. 그래서 우리는 오전 10시와 오후 3시로 시간을 정해 놓고, 그 시간에만 업무에 관해 상의하기로 약속했지요. 당신이 '일괄처리'라고 말했던 걸 실천한거죠.

또 매주 실시하는 팀회의 시간을 반으로 줄였어요. 저희는 대개 회의시간이 1시간 정도였고, 필요하든 그렇지 않든 그 시간을 다 채우고 있었죠. 이번 주 저는 모든 안건을 더 빠르게 처리해서 30분 내로 회의를 마쳐야겠다고 말했어요. 그리고 행동으로 옮겼죠. 먼저 가장 중요한 것부터 논의한 다음, 나머지 안건까지 모두 처리했죠. 그 결과 그날 전 팀원들에겐 30분의 여유가 생기더군요.

우리는 그 시간 동안 방해받지 않고 일할 계획을 세웠어요. 중간에 방해를 받을 때 보통 90분 걸리던 일을 아무 방해 받지 않고 연속적으로 처리하면 30분 안에 마칠 수 있다는 당신의 말을 테스트해보고 싶기도 했고요. 그 말은 과연 사실이었어요! 일부 부정적으로 생각하는 팀원들은 그 말을 믿지 못하는 눈치였시만, 이 30분 안에 최소한 두 배의 생산성을 올리자 모두들 놀랐죠. 정말 대단했어요. 전 당신의 말씀을 열심히 들었고, 그 말씀은 정말 좋은 아이디어였어요. 이제 전 제 시간을 훨씬 더 잘 관리할 수 있을 것 같아요. 아직 갈 길이 멀긴 하지만요. 그리고 시간관리 책을 한 권 샀죠. 시간이 날 때마다 보려고요."

토니는 만족스럽다는 표정을 지으며 말문을 열었다. "지난주에 자넨 탁월한 선택을 했군. 재능을 갖춘 새로운 사람들마다 자네 팀에 들어가고 싶어 하는 것처럼 들리네. 그리고 시간을 사용하는 방법에서도 좋은 선택을 했네. 아주 훌륭해.

이제, 내가 자네라면 남은 한 자리에 제니나 채드를 앉히 겠네. 자네도 알잖은가. 그들은 슈퍼스타고, 자네 팀에 적합 하다는 사실을 말일세. 그들에게 재입사 제의를 하면 자존 심이야 좀 상하겠지만, 내가 보기엔 참 좋은 시도일 듯한데, 어떤가? 자네가 그들을 만나고 와서 노트에 기록했던 글을 다시 한 번 읽어 보게. 그들이 자네에게 했던 말이 세 가지 였는데, 그게 뭐였지?"

"잠깐만요, 어디 한번 볼게요. 나는 노트 앞부분을 펼쳤 다. "그들이 했던 말은… 음, '유능한 사람을 채용하고, 모 든 팀원이 더 발전할 수 있도록 코칭하고, 자기 몫을 못하는 사람들을 해고하라' 찾으시는 게 이거죠?"

"그렇다네." 토니가 말했다. "그 세 가지 문제를 우리가 어떻게 해결해왔지?"

"유능한 사람을 채용하는 문제는 아주 잘 진행되고 있다 고 생각해요." 내가 대답했다.

"당신의 지도 덕분에 팀원을 채용하는 데 신중을 기하고 있지요. 그 과정에서 린 역시 큰 도움을 주었고요. 앞으로 새로 입사할 두 사람에 대해서도 정말 느낌이 좋아요. 모든 팀원이 더 발전하도록 코칭하는 문제 역시 조금씩 진전이 있었다고 생각하고요.

슈퍼스타와 미들스타에게 더 많은 관심을 기울이고 있지요. 사실 그동안 업무수행 성적이 좋은 팀원에 대해서는 집중적인 코칭을 하지 않고 있었죠. 그리고 토드를 해고해야하는 일도 겪었고요. 전 토드가 슈퍼스타라고 생각했고, 다른 팀원들이 그의 잘못을 덮어주고 있다는 사실을 몰랐죠. 다시 생각해봐도 기가 막힐 노릇이에요. 그 일은 제가 너무 오랫동안 관리자 세상에서 벗어나지 못하고 있었다는 것을 전적으로 증명해주는 것이었죠.

앞으로는 누군가를 해고해야 하는 극단적인 상황까지 가기 전에 제가 기대하는 게 무엇인지 더 분명히 파악하고, 적절한 교육과 방법론을 적재적소에 적용할 작정이에요. 제가 지금까지 해온 업무수행 평가가 팀원들의 업무수행 성적을 정확하게 반영하지 못했다는 것 역시 새로 알게 되었죠."

"제프, 제니와 채드가 제안한 세 가지 일을 처리하는 데 얼마간의 진전이 있다 그 말이지? 좋아." 토니가 고무적으로 말했다.

"오늘 남은 수업시간엔 팀 전체의 발전을 위해서 자네가 할 수 있는 코칭 방법에 대해 집중적으로 이야기해보세. 지금부터 내가 하는 이야기는 업무수행 능력을 키우는 것에 관한 게 아니라, 모든 팀원을 인정하는 문제와 그들과 의사소통하는 문제에 관한 거라네. 2~3주 전, 관리자 세상에 대해 이야기하면서 우리는 리더들이 종종 관리자 세상에 갇혀 팀에서 발생하는 중요한 일을 간과한다고 했네. 직위나 입장에 관계없이 자네가 결코 잊으면 안 될 두 가지 사항을 이야기하겠네.

첫째, 리더로서 자네의 성적표는 자네 팀의 실적에 달렸네. 자네는 반드시 필요하고 중요한 존재야. 하지만 자네의 연봉에는 자네가 한 일에 대한 대가만 들어있는 게 아니네. 자네의 팀원들이 한 일에 대한 결과까지 포함되어 있지. 그걸 알아야 하네.

둘째, 팀이 자네를 필요로 하는 것보다 더 많이 자네가 팀을 필요로 하네. 오해하지 말게. 자네와 팀원들 모두 서로를 필요로 하지만, 전체로 놓고 보면 17명의 팀원들이 하는 일이 자네 혼자서 하는 일보다 더 많다는 걸세.

이해를 돕기 위해 몇 가지 질문을 하지. 자네가 월요일 아침 이 시간에 나와 함께 있는 동안에 팀의 업무는 몇 % 이루어지고 있는 것 같은가?" 항상 그랬듯이 토니의 질문은 정곡을 찔렀다.

"한 95% 정도는 이루어지는 것 같아요. 제가 사무실을 비우더라도 말이죠." 나는 대답했다.

“좋아, 나도 그렇게 생각하네. 아마 95%라는 숫자가 정확할 거네. 하지만 팀원들 중엔 105%라고 말하는 사람도 있을 거야. 자네가 자리를 비운 사이에 더 많은 업무를 해낼 수 있을 테니까. 그렇다고 해도 95%라고 해두지. 만일 같은 시간에 17명 모두 나와 함께 이곳에 있고, 자네 혼자 사무실에 있다고 가정해보세. 그럼 업무가 몇 %나 이루어질 것 같은가?” 그가 물었다.

“그리 많지 않겠죠. 대략 10% 정도요?” 나는 가능한 정직하게 대답했다.

“자네 팀은 95%를 달성할 수 있는데, 자넨 겨우 10%란 말인가? 그렇다면 누가 누구를 필요로 하는 건가? 분명히 둘 다 서로를 필요로 하네. 하지만 자네의 직무는 팀원들이 지금 직장에서 더 발전할 수 있게 도와주는 것일세. 그들은 자네에게 인생의 일부를 맡긴 셈이니 개인적으로든 직업적으로든 그들을 성장하도록 도와야 하네. 그들이 최고가 되도록 하는 데 자네가 할 수 있는 일이 있다면 모두 해야 하네.

비유를 하나 들지. 사람들은 모두 ‘동기(motivation)’라는 양동이를 하나씩 가지고 있네. 흘러넘칠 정도로 동기로 가득 찬 양동이, 텅 비어 있어서 채워지기를 간절히 바라고 있는 양동이, 구멍 난 양동이 등 다양할 걸세. 그중 구멍 난 양동이는 동기를 채우려고 노력하는 만큼이나 금세 새어버리겠지. 또 사람들은 국자를 가지고 있네. 아주 커다랗고 긴 국자를 가진 사람들은 그것을 다른 사람의 양동이에 집어넣기를 즐기네. 그 국자는 냉소나 부정적인 생각, 혼란, 스트레스, 의심, 두려움, 근심, 그 밖에 다른 사람의 동기를 마르게 할 수 있는 것이라고 할 수 있지.

리더로서 자네의 직무는 모든 팀원의 양동이를 채워주는 것일세. 한마디로, 자네는 '양동이를 채우는 당번'이네. 그리고 그 양동이를 채우는 가장 좋은 방법은 뛰어난 커뮤니케이션이라네. 팀원들의 동기 양동이를 가득 채우기 위해 자네가 해야 할 일에는 네 가지가 있네.

첫째, 양동이를 채우기 전에 양동이가 온전한지 확인해야 하네. 우리는 앞에서 핵심과업에 대해 이야기했고, 자네 팀은 이제 분명한 핵심과업을 가지고 있네. 만일 핵심과업이 무엇인지 팀원들이 모른다면 그들의 동기 양동이는 산탄총에 맞은 것처럼 구멍투성이가 되고 말 걸세. 중심과 방향을 똑바로 잡고 있는 리더는 팀원들의 양동이를 채워주고, 혼란과 모순을 야기하는 리더는 팀원들의 양동이에서 동기라는 물을 퍼내는 국자를 휘두른다고 할 수 있지.

둘째, 양동이를 가득 채우기 위해서는 양동이 주인에게 그것을 채우는 방법을 알려주어야 하네. 자넨 업무수행을 평가하는 것으로 팀원들의 양동이를 가득 채울 수 있을 거라고 생각할지도 모르겠네. 하지만 그건 아닐세. 업무수행 평가는 얼마간 양동이를 채울 수 있을지 모르겠지만, 금세 구멍이 나고 말 걸세. 오해는 하지 말게. 분명 업무수행 평가는 업무수행 능력을 입증하는 데 꼭 필요하고 중요한 것이니까. 하지만 장기적으로 동기를 부여하지는 못한다네.

팀원들은 업무수행 평가 때문이 아니라 평상시에도 자기가 어떻게 일하고 있는지 알아야 하네. 하지만 경계해야 할 일이 하나 있네. 바로 양동이를 채우려는 의지만 앞서서 효율적인 피드백 규칙을 따르지 않는 것이네. 그러면 양동이가 말라버릴 수 있네. 그걸 막기 위해서는 우선 팀원들을 진실하게 대하게. 자네가 피드백을 진실하게 이행하는지 그렇지 않은지 팀원들은 속속들이 다 보고 있네. 진실하지 않은 피드백은 아주 큰 국자로 팀원들의 양동이에서 동기라는 물을 퍼내는 것과 다름없지. 자네가 성실히 양동이를 채워주는지를 팀원들은 귀신같이 아네. 그러니 대충 긍정적인 피드백을 주는 척 하는 것은 아주 위험하네. 무조건 진실하게. 최소한 진실한 태도가 들 때까지는 인내할 줄 알아야 하네.

　양동이를 채우려면 피드백이 구체적이어야 하네. 자네의 칭찬이 구체적이지 않으면 양동이는 가득 채워지지 않을 거네. 왜냐고? 그야 자네가 무슨 말을 하고 있는지 몰라서 양동이 주인이 머리를 긁적이는 사이에 양동이가 뒤집어질 테니까. ‘그 프로젝트 아주 훌륭했어요’ 라는 식으로 막연하게 칭찬하지 말게. 도대체 뭐가 훌륭했고, 어떤 점을 잘했는지 상대방이 모를 수 있네. 그러니 이렇게 말하게. ‘그 프로젝트에 대한 상세한 보고서는 아주 훌륭했어요. 특히 다음 주에 세워야 할 구체적인 행동계획에 대한 요약이 마음에 쏙 드네요’ 라고 말일세. 그럼 자네는 그 팀원의 양동이를 크게 채워주는 것이고, 그는 자네에게 특별한 존재가 되었다는 데 만족하게 되지. ‘특히 ~가 좋았어요’ 라는 표현을 써서 피드백을 주게나.

　피드백은 적절한 타이밍에 주어야 하네. 자네가 양동이 채우는 것을 자꾸 미루다보면, 다른 사람들의 국자가 슬그머니 그 양동이 속으로 먼저 들어가버리고 말걸세. 그 후에 자네가 그 양동이를 채워주려면 갑절의 노력이 필요할 걸세.

　피드백은 피드백을 받는 사람의 눈높이에 맞춰야 하네. 자네에겐 중요하지만 다른 사람에겐 중요하지 않은 것으로 양동이를 채워주려고 하지 말게. 양동이 채우기는 양동이를 채워 주는 사람이 아니라 양동이 주인의 눈높이에 달려 있네.

나도 이런 사실을 몇 년 전에서야 깨달았네. 함께 일하는 슈퍼스타 1명에게 풋볼 결승전 티켓을 주었지. 사실 그 티켓은 내가 정말 아끼는 것이었네. 정말일세. 그런데 하필 아들놈 결혼식과 겹친 게 아닌가. 아들의 결혼식에 빠질 수도 없어서 그 티켓을 그 직원에게 주었지. 당시에는 그가 풋볼을 좋아하지 않는다는 사실을 몰랐다네. 믿겨지지 않겠지만, 그는 그런 게임이 있는지조차 모르고 있었다네. 어쨌든 그는 그 티켓으로 풋볼을 보리 갔지만, 별로 즐거워하시 않았다네. 나중에 알았지만, 그는 사실 영화광이었네. 만일 내가 영화티켓을 주었더라면 더 좋아했을 걸세. 티켓 값이 싼 것도 그렇거니와 영화티켓을 주었다면 상대방도 더 즐거워했겠지.

내가 뭘 말하려고 하는지 알겠지? 자네가 아니라 그 사람에게 중요한 것으로 양동이를 채워주게. 한번은 나와 친하게 지내던 동료가 이런 말을 해주었네. 사람들이 목표를 달성하지 못하는 이유는 상당수 엄청난 산이 버티고 있어서가 아니라 구두 속에 들어 있는 작은 모래알갱이 하나 때문이라고 말이야. 그 모래 알갱이는 바로 리더의 관심 부족이네.

어떤 관리자는 큰일에만 집중하느라 팀원들을 배려하고 그들에게 시간 내주는 기본적인 것을 잊지. 상사가 자기에게 관심을 가지고 자기를 배려한다고 생각하게 하는 데는 돈이 들지 않네. 그렇다고 시간이 들지도 않고 말이야. 다만 약간의 관심만 있으면 충분하지.

셋째, 자네가 팀원들과 그들의 업무에 관심을 가지고 있다는 점을 주지시키는 것이네. 자네가 팀의 양동이에 관심을 가지고 있고, 또 그것을 가득 채우려 한다는 것을 보여주는 방법은 아주 많네. 물론 연봉이 그들의 양동이를 채워주기는 하네. 하지만 월급날에만 그들의 양동이가 채워진다면, 그 양동이는 곧 말라버리고 말 걸세. 자네 팀을 위해 함께 양동이를 채워줄 도우미를 찾아내게. 그런 다음 팀원들의 양동이를 채우는 데 그들을 종종 활용하게. 자네가 팀원들에게 관심을 가지고 있다는 걸 보여주기 위한 12가지 방법을 알려주겠네.

1. 중요한 결정에 팀원들을 포함시킬 것. 팀원들의 말에 귀를 기울일 것. 그들은 종종 아주 훌륭한 생각을 가지고 있다.

2. 양동이 주인과 그의 가족에 관한 사항을 기억할 것. 사람

들은 가족에게 일어난 일을 다른 사람과 나누기 좋아한
다. 가족의 일에 귀를 기울여주면 그들은 스스로 양동이
를 채운다.

3. 팀을 위해 커피를 탈 것. 커피를 타는 것은 아주 간단한
일이다. 하지만 팀원들은 그런 간단한 일에서조차 감동
한다. 얼마나 쉬운 방법인가.

4. 팀원들 집으로 감사편지를 보낼 것. 사람들에게 배달되
는 우편물은 대개 청구서나 잡다한 광고지뿐이다. 그들
을 인정하고 있다는 감사편지를 보내는 것으로 적극적인
표현을 하면 양동이를 채우는 네 큰 도움이 된다.

5. 양동이 주인에게 연하장을 보낼 것. 당신의 성공은 그들
에게 달려 있다. 직장에서 당신이 감사해야 할 사람이 또
누가 있겠는가.

6. 미들스타나 폴링스타의 조언자가 되어줄 것을 슈퍼스타
에게 청한다. 이것은 모두의 양동이를 가득 채울 수 있는
윈-윈 전략이다.

7. 카메라를 항상 가까이에 두었다가 양동이를 채울 만한
중요한 사진을 찍어둘 것.

8. 팀원들에게 경의를 표하기 위해 회사 부지에 나무를 심
을 것.

9. 책이나 잡지, CD 등을 비치할 공간을 마련해서 팀원들이 자유롭게 열람하게 할 것. 특히 독서는 양동이를 채우는 데 매우 효과적이다.

10. '명예의 전당(wall fo fame)'을 만들고, 팀원들과 그들의 가족사진을 붙일 것.

11. 최상의 양동이 채우기 규칙을 따를 것. 팀원들이 바라는 대로 해준다.

12. 전 팀원들과 함께 시간을 보낼 것. 팀원들 옆에 머물면서 한번씩 관심만 나타내도 그들의 양동이는 자동적으로 채워질 것이다.

넷째, 팀의 일원으로서 팀원들이 얼마나 잘하고 있는지를 알려주는 것이네. 누구나 잘 나가는 팀의 일원이 되고 싶어 하네. 팀원들이 팀의 목표를 달성하고 있는지 그렇지 못하는지를 일관성 있게 확인시켜 주게.

만일 자네가 양동이 채우기의 네 가지 필요조건, 그러니까 핵심과업을 아는 것, 업무수행에 대한 피드백을 주는 것, 뛰어난 직무수행 공로를 인정해주는 것, 그리고 팀 성과를 지속적으로 알려주는 것을 실천한다면, 자네 팀원들은 자네의 양동이를 채우기 위해 그들이 도울 수 있는 게 뭔지 물어올 것이네. 그리고 자네가 팀원들의 양동이를 채워줄 때 자네의 양동이는 자연스럽게 가득 차게 될 걸세.”

토니가 시계를 힐끔 쳐다보았다. “이런, 시간이 벌써 다 되었군. 그래, 이번 주엔 무슨 일을 해야 하지?”

“할 일이 몇 가지 있네요. 먼저 제니와 채드에게 전화를 해서 다시 팀에 돌아올 의향이 있는지 물어봐야죠. 더 나은 리더가 되기 위해 제가 현재 시도하고 있는 일을 말하고, 앞으로 계속될 변화를 함께 하고 싶다고 부탁하려고요. 양동이 채우기 비유는 참으로 근사했어요. 실제로 저희 팀에 적용해볼 거예요. 만일 우리가 서로의 양동이에 국자를 넣지 않는다면, 더욱 더 동기를 부여할 수 있겠죠. 그러면 더 생산적이고 만족스런 팀이 될 수 있을 거라고 확신해요. 집에서도 실천해보려고요. 그리고 아예 팀원들에게 양동이와 국자를 사줄까 해요. 재미있을 거 같지 않아요?”

“그래, 재미있을 것 같네. 제니와 채드에게도 행운이 있길, 그리고 자넬 위해서라도 그 일이 잘 되길 바라네. 다음 주가 우리 마지막 수업이네. 사실 9주 동안의 수업이 내게도 큰 경험이 되었다네.”

“정말이세요?” 나는 놀라서 물었다. “사실 이런 기회는

제게 굉장히 유익한 시간이었어요. 정말 믿을 수 없을 정도
죠. 제 경력의 일대 전환점을 만들어주셨고, 제 말에 귀 기
울이시면서 어떤 식으로 개선해나가야 할 것인지를 인도해
주셨잖아요. 사물을 새롭게 보는 눈도 길러주셨고요. 어떻
게 감사해야 할지 모르겠어요."

토니가 미소를 지었다. "그랬다니 다행이네. 다음 주에는
자네의 개인적인 목표를 이루기 위해 무엇을 할 수 있을지
이야기하려고 하네. 특히, 역경을 극복하는 방법에 대해서
생각해보지. 모든 사람이 역경을 겪고 그것을 헤쳐나가야
하네. 그런 점에서 내가 겪은 이야기를 조금 들려주도록 하
지. 그리고 자네가 가진 유산에 대해 이야기를 나누고 마치
도록 하지. 자, 한 주 잘 보내고, 다음 주 월요일에 만나세."

◎ 양동이를 채우는 방법 : 핵심과업을 아는 것, 업무수행에 대한 피드백을 주는 것, 뛰어난 직무수행 공로를 인정해주는 것, 팀 성과를 지속적으로 알려주는 것.

◎ 내가 팀원들의 양동이를 채워줄수록 내 양동이는 자연스럽게 가득 차게 된다.

◎ 우리 팀원에게 중요한 것이 무엇인지 관심을 가지고 적절한 때에 그들에게 보상을 해준다.

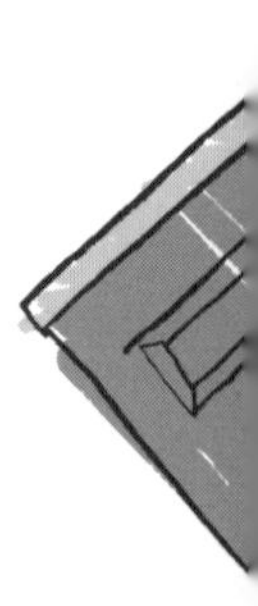

선행을 유산으로

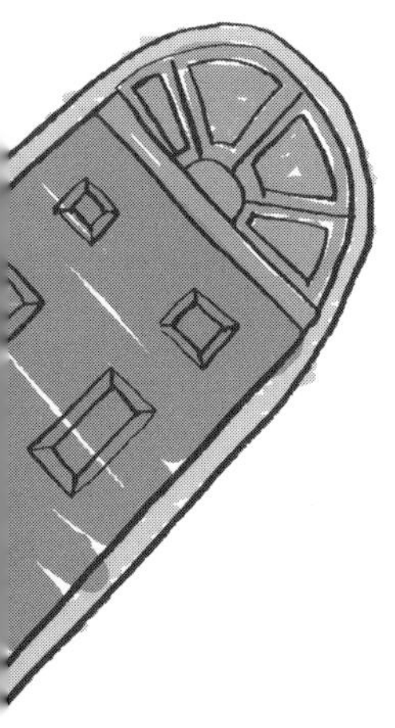

"어서 오게, 제프. 드디어 졸업이군." 나와 악수를 나눈 뒤 서재로 향하면서 토니는 환하게 미소를 지었다. "자네 졸업식에서 마지막으로 자넬 만났을 때, 나는 이제부터 진정한 배움이 시작될 기라고 말했었지. 이미 많은 것을 경험했어도 배움은 언제라도 다시 시작이네. 솔직히 말하면, 지금까지의 수업시간을 통해서 자네보다 내가 더 많이 배운 것 같네. 함께 해주어서 정말 고맙네."

"잠깐만요, 제게 고맙다니요." 나는 얼른 토니의 말을 가로막았다. "시간을 쪼개서 저를 가르쳐주신 건 당신이잖아요!" 내 칭찬에 토니는 약간 어색해했다.

"자, 그만 됐네." 토니는 그렇게 말하곤 부엌으로 나를 안내했다. "지난주에 있었던 이야기를 듣기 전에 몇 가지 말해둘 게 있네. 특별한 건 아냐." 토니가 웃었다.

"먼저, 자네를 칭찬하고 싶네. 몇 주 전, 용기를 내어 내게 전화를 했으니까. 난 밧줄 끝에 매달려 있는 심정이 어떤 것인지 잘 알고 있네. 예전에 나도 그런 상황에서 옛 친구에게 구조요청을 한 적이 있었거든. 만일 자네가 전화할 용기를 내지 못했다면, 자넨 여태껏 전혀 변화하지 못했을 거네. 어쩌면 더 크게 좌절했겠지. 어쨌든, 전화해주어서 기뻤네.

지난 10주 동안 자네를 더 잘 알 수 있었던 것 같군. 하지만 자네 가족에 대해선 아직 제대로 아는 게 없는 것 같아." 토니는 머그잔에 커피를 붓고는 서재로 향했다. "괜찮다면 조만간 자네 가족을 저녁식사에 초대하고 싶군."

"그래주시면 저야 좋죠. 이 달이 다 가기 전에 시간을 마련해볼게요." 내가 말했다.

"그럼, 약속하는 거네." 토니는 서재에 있는 의자에 앉으면서 그렇게 말했다. "자, 지난 한 주간 어떻게 지냈나?"

"좋은 소식이 있어요. 제니가 다시 회사로 돌아오기로 했거든요. 팀을 이끄는 방법을 바꾸고 있다고 설명했더니, 제니는 예전에 친했던 동료들에게 전화해서 그게 정말인지, 그리고 그게 효과가 있는지 알아봤더라고요. 그리고 수요일에 전화해서 팀에 다시 돌아오고 싶다고 말했어요. 그녀는 2주 내로 업무에 복귀할 거예요. 정말 잘 됐죠?"

토니가 만족스러운 듯 고개를 끄덕였다. "아주 잘되었군."

"새로 뽑은 팀원들도 일을 아주 잘해요. 그들이 열심히 하니까 저를 포함한 나머지 팀원들까지 덩달아 열심히 하고 있어요. 까다롭게 채용해서 적절하게 배정하기까지 시간과 노력을 들인 보람이 있어요.

전 양동이와 국자의 비유를 팀에게 적용해봤어요. 그래서 양동이 채우기를 위한 우리만의 몇 가지 규칙을 정하고, 누군가 자기 양동이에 국자를 집어넣었을 때 어떻게 할 것인지를 머리를 맞대고 궁리했죠. 아주 재미있더라고요. 효과도 있고요. 누군가 부정적이거나 냉소적으로 말하면 '내 양동이에서 딩신의 국자를 꺼내시지'라고 밀하기로 했는데 효과 만점이었어요. 일단 말씀드릴 건 이 정도예요. 지금 우리 팀은 아주 집중력 있게 일을 해나가고 있고, 모든 일이 아주 순조롭게 진행될 것 같아요."

"좋은 소식이군, 제프. 마지막 수업은 자네를 위한 시간이 될 거라고 말했던 것을 기억하겠지?" 토니의 어조는 다시 진지해졌다. "우린 지금까지 아홉 번에 걸쳐 자네 팀, 자네의 리더십 유형, 성과를 내는 방법에 관해 이야기했네. 이젠 자네의 개인적인 목표를 달성하기 위해 자네가 할 수 있는 일이 무엇인지를 집중적으로 이야기해보겠네." 나는 토니가 하는 말을 한마디도 놓치지 않으려고 집중했다.

"처음 수업을 시작할 때 기분이 어땠는지 기억하는가?" 토니가 물었다. "심하게 절망해서 이 수업에 대해서조차 다소 냉소적이었지. 하지만 반면, 자네는 너무 낙심했고, 또 모든 게 잘 안 풀리는 상황이라 무엇이든 시도할 준비가 되어 있었네."

"일부러 냉소적이었던 건 아니에요." 나는 토니에게 사과했다. "하지만 당신 말이 맞아요. 저는 정말이지 절망적이었죠. 그래도 당신은 기꺼이 시간을 내서 저를 도와주셨어요. 사실 어떻게 될지 확신이 서질 않았죠. 변화할 수 있을 거라는 기대조차 하지 않았고요. 그런데 지금은 말로 할 수 없을 만큼 만족하고 있어요. 아니, 당신이 제 멘토가 되어주지 않았다면, 전 벌써 실패하고 쓰러졌을 거예요. 말씀해주신 것을 다 받아들이기는 힘들었지만 분명 엄청나게 많은 걸 배웠어요."

"제프, 우리가 월요일 수업을 시작할 때 자네는 뭔가 중요한 것을 빠뜨리고 있었네." 토니가 말했다. "자네의 개인적인 삶이나 직업적인 삶에서 빠진 것은 아주 사소하지만, 성공을 거머쥐는 데는 그것이 아주 큰 차이를 만들어내지. 그 부족한 요소를 채우는 데는 동전 한 푼 들어가지 않지만, 아쉽게도 자네는 그걸 가지고 있지 않았네."

"정확히 무슨 말씀을 하시는지 잘 모르겠어요." 나는 솔직히 말했다. "그동안 여러 차례 만나면서 여러 가지 기술을 가르쳐주셨죠. 제가 당장 쓸 수 있는 것들을 말이에요. 그리고 경영기술을 개선할 수 있는 여러 가지 합당한 길도 보여주셨죠. 그런데 도대체 제가 빠뜨린 게 뭐죠?"

"분명 내가 자네에게 알려준 기술은 모두 중요하다네." 토니가 말했다. "그런데 자네가 빠뜨리고 있었던 것은 자네가 배울 수 있는 그런 것과는 다른 것이네. 바로 열정이지! 자네는 어떤 것에도 열정을 보일 수 없을 만큼 지쳐 있었지. 자네는 모르겠지만, 나와 다른 사람들 눈에는 확연히 보이지. 과거의 실패가 자네 미래의 발목까지 잡았던 거라네. 열정은 결코 감출 수 없는 것이고, 그것은 자네 주위 사람들에게 엄청난 영향력을 발휘하지." 토니가 설명했다.

"예를 하나 들겠네. 어떤 영업사원이 새로운 지역을 개척하려고 나섰다네. 그러다 그 지역에서 일해 온 고참을 만났지. '새로 왔습니다. 이곳 사람들은 어떤 사람들이죠?' 신참 영업사원이 물었네. 그러자 그 고참이 이렇게 되물었네. '당신이 전에 담당했던 지역 사람들은 어땠소?' 신입사원은 이렇게 대답했다네. '글쎄요. 무뚝뚝하고 늘 불평만 해댔죠. 좀 부정적이었다고 할까요. 물이 반쯤 있는 컵을 보고 반밖에 안 남았다고 투덜대는 사람들이었어요.' 대답을 들은 고참이 이렇게 말했지. '음, 이곳 사람들 역시 마찬가지라네.'

몇 주 후, 또 다른 영업사원이 그 지역을 개척하려고 왔고, 역시 그 고참을 만났지. 그 영업사원 역시 똑같은 질문을 했어. '새로 왔습니다. 이곳 사람들은 어떤 사람들이죠?' 그러자 고참 역시 똑같이 물었지. '당신이 전에 담당했던 지역 사람들은 어땠소?' 라고 말일세. 그 신참 영업사원의 대답은 사뭇 달랐지. '아주 멋진 사람들이었죠. 언제나 이웃과 잘 지냈고, 서로서로 도와주었어요. 저도 어려울 때 도움을 많이 받았죠. 평생 그 사람들을 잊을 수 없을 거예요.' 대답을 들은 고참은 이렇게 말했다네. '음, 자네는 이곳을 좋아하게 될 것 같군. 이곳 사람들도 그렇거든.'

이 이야기에서 똑같은 질문에 다른 대답을 한 고참의 메시지가 뭐라고 생각하는가? 만일 자네가 긍정적이고 열정적이고 노력하는 자세를 가진 사람들과 함께 하고 싶다면, 자네의 태도 역시 그래야 한다는 것일세. 그리고 자네 주위 사람들이 무뚝뚝하고 부정적이라고 생각한다면 자네의 태도부터 점검해보아야 할 게야. 자네의 삶의 태도 역시 그러기 십상이니까. 그러니 행복한 사람 주위에 머물고 싶다면 자네가 행복한 사람이 되도록 노력하게. 그것은 자네의 선택으로 시작할 수 있는 일이라네. '뿌리를 바꾸지 않으면 열매를 개량하기 힘들다'는 말이 있지 않은가. 태도라는 뿌리를 바꾸지 않으면 절대 성공이라는 열매를 얻을 수 없다네.

앞으로 시간이 갈수록 삶의 태도가 인생에 어떤 영향을 미치는지 더욱더 직접적으로 경험할 걸세. 조금만 더 자세히 살펴보면, 삶의 태도는 바로 많은 기회와 도전, 성공과 실패를 가르는 분수령이 된다는 것을 알 수 있지." 토니는 확신에 찬 모습으로 고개를 끄덕였다.

"잘 알겠이요. 그리고 전직으로 동의하고요." 나는 토니의 말에 긍정적으로 대답했다. "사실 제가 어떤 태도를 가지고 있는지 다 밖으로 드러난다는 것을 잘 알아요. 물론 일부러 부정적인 태도를 가지려고 한 적은 없어요. 하지만 토니, 당신 말을 들으니 제 주위 사람들 역시 저 때문에 부정적인 태도를 갖게 되었을 것 같네요."

"자네는 태도를 자동장치 같은 거라고 생각하나?" 토니가 다시 물었다. "좋은 일이 일어나면 좋은 태도를 갖고, 나쁜 일이 일어나면 나쁜 태도를 갖는 것처럼 말일세. 그런가?"

"글쎄요, 솔직히 말하면 어느 정도는 그런 면이 있는 것 같아요. 만지는 것마다 금덩이가 되는데 좋아하지 않을 사람이 있을까요?"

"제프, 많은 사람들이 삶의 태도를 여러 가지 정황에 대한 무의식적인 반응이나 외부환경의 반영이라고 생각하지. 부정적인 것에 대한 자동적인 반응은 부정적이고, 긍정적인 것에 대한 자동적인 반응은 긍정적이라고 말일세."

나는 잠시 생각에 잠겼다. 토니가 그 침묵을 깨고 다시 말했다.

"하지만 나는 그 생각에 동의하지 않네. 삶의 태도는 완전히 내적으로 통제되는 그 무엇이라네. 상황과 주위 환경에 대한 지극히 개인적인 반응이지, 외적인 요소가 좌지우지할 수 있는 게 아니란 말일세. 물론 우리에게 닥치는 모든 일을 내면에서 통제할 수 있다면 좋겠지만, 아쉽게도 우리는 다만 일어난 일에 어떻게 대응할 것인가 하는 선택만 할 수 있다네. 그 선택은 아무도 대신 해줄 수 없지.

슬럼프에 빠지면 자네는 과거의 경험을 떠올려 선택을 할 걸세. 하지만 제프, 우리는 좋은 일만 일어나는 세계에 살고 있지 않다네. 그것과는 아주 거리가 멀지. 사람들마다 예기치 못한 일 혹은 불행한 일을 겪지. 어쨌든 우리는 그런 일에 어떻게 대응할지 선택해야 하네. 그리고 자네는 그런 일에 맞서 어떻게든 해결하고자 하는 용기를 가져야 하고 말이야.

이런 책임을 인정하고 싶지 않겠지만, 진실은 언제나 분명하다네. 우리의 태도, 그리고 그로 인해 얻는 행복에 대한 책임은 우리에게 있네. 포용하고 책임지는 선택을 하루에도 수십 번씩 하지. 그리고 또 한 가지, 자네의 태도는 아주 엄청난 힘을 가지고 있다는 것이네." 토니는 말을 멈추고 커피를 한 모금 마셨다.

"치명적인 병을 다루는 의사들에 의하면, 병에서 살아남는 사람과 그렇지 못한 사람 사이의 차이는 바로 대도에 있다고 하네. 스포츠 역시 마찬가지일세. 선수들이 경기에 임하는 태도가 시합의 전략을 짜는 데 가장 중요한 부분이지. 아이들을 생각해보세. 긍정적인 아이들이 역시 바람직한 학습결과를 나타낸다네. 갤럽의 여론조사를 보면, 90%의 사람들이 주위에 긍정적인 태도를 가진 사람이 많을수록 자기 역시 긍정적인 태도를 가지게 된다고 인정하고 있다네."

"그렇다면 긍정적인 태도가 우리를 더욱 행복하게, 더욱 생산성 있게, 더욱 성공적으로 만들어준다는데, 왜 사람들은 군이 부정적인 태도를 선택할까요?"

그러자 토니가 이렇게 대답했다.

"아마 긍정적인 사람이 될 수 있는 힘이 자기에게 있다는 것을 미처 깨닫지 못했기 때문일 걸세. 그래서 여전히 부정적인 태도에 머물러 있기를 선택하지. 자기 연민에 빠지는 것을 즐기기 때문에, 혹은 부정적인 태도를 갖는 게 긍정적인 태도를 갖는 것보다 훨씬 쉽기 때문일 수도 있고. 아니면 부정적인 태도가 훨씬 자연스러운 인간의 반응이라 그럴 수도 있겠지.

성공한 사람들을 보게나. 그들은 부정적인 태도의 독에 감염되지 않는 것을 선택한다네. 누구나 긍정적이고 열정적이며 언제나 최선을 추구하는 사람 곁에 머물고 싶어 하지. 그런 사람들은 자석처럼 다른 사람을 끌어당기지 않나. 그들은 인생에서 덧셈만 한다네. 긍정적이고 열정적인 사람은 주위 사람들까지 덩달아 에너지가 넘치게 하지. 그러나 부정적이고 회의적인 사람은 오히려 주위 사람들의 에너지를 빼앗아 간다네.

제프, 부정적이고 냉소적인 사람이 성공하는 것을 주위에서 본 적이 있는가?"

"글쎄요, 당장 머릿속에 떠오르는 사람은 없네요." 내가 대답했다. "사실 부정적이고 냉소적인 사람들과는 함께 있고 싶지 않죠."

토니가 고개를 끄덕였다. "나 역시 마찬가지라네. 지금까지 사는 동안 그런 사람이 성공한 경우는 단 한차례도 보지 못했네. 우연의 일치라고 생각하는가? 절대 그렇지 않네. 낙관적인 성향과 열정은 분야나 직업, 나이에 상관없이 최고의 영업사원, 최고의 지도자, 최고의 경영자에게서 발견할 수 있는 공통분모라네. 성공한 사람은 매일 아침 산책을 하거나 꾸준히 운동하는 습관을 기르는 것처럼 꾸준하게 열정의 습관을 키워나가지. 열정을 키우기 위해선 시간을 들이고 인내를 배우고 계획을 세우고 헌신적으로 노력하는 게 절대적으로 필요하다네.

열정이 가지는 힘은 그것이 다른 사람에게 미치는 효과를 보면 알 수 있네. 자네, 보이스카우트 활동을 하면서 기금을 마련하기 위해 사탕을 팔았던 때를 기억하는가? 다른 아이들보다 유난히 자신감 있고 열정적이었던 자네가 우리 집에 사탕을 들고 찾아오는 걸 나는 아주 좋아했네."

"기억나요. 제가 많이 팔긴 했죠." 나는 어깨를 으쓱거리며 대답했다.

"저는 항상 다른 친구들보다 많이 팔았어요. 당신처럼 부자에게 사탕을 파는 일은 참 재미있었거든요."

토니가 유쾌하게 웃으며 말했다. "자네가 우리 집에 오면 나는 즐겁게 사탕을 샀지. 자네는 너무 열정적이었던 데다 자기가 만든 사탕을 자랑스럽게 생각했고, 또 그걸 파는 것을 즐거워했거든. 그래서 늘 필요이상으로 많이 샀다네. 반면, 기금을 모은다는 명목으로 별 열정 없이 사탕을 팔러 다니는 아이들도 있었네. 그들에게선 열정이나 즐거움, 에너지를 찾을 수 없었지. 파는 사탕의 질이나 고객은 똑같았지만, 그 아이들이 파는 양은 전혀 다르지 않았나. 난 그들에게선 자네에게 산만큼의 사탕을 사주지 않았다네. 정말이지 그들에겐 열정이 부족했어.

진정한 열정과 능동적인 태도는 상황에 따라, 또는 사람들에게 좋은 인상을 심어주기 위해 입었다 벗었다 할 수 있는 게 아니네. 진정한 열정이란 바로 삶의 방식이라네. 그러나 적잖은 사람들이 어려운 상황이 닥치면 긍정적인 태도로 상황을 통제해나가는 게 아니라 부정적인 태도로 돌변해버린다네."

나는 토니의 말에 전적으로 수긍하며 집중해서 들었다.

"열정은 외모나 다른 사람의 평가, 능력과 재능, 교육의 정도보다 더 결정적인 성공요인이라네. 반가운 소식은 매일같이 부딪히는 상황에 대해서 스스로 태도를 선택할 기회가 우리에게 있다는 것이지. 직업을 바꾸는 일이든, 점심시간을 활용하는 일이든, 출퇴근 시간을 보내는 방식이든, 우리는 매일 맞닥뜨리는 자잘한 상황에서 우리 태도를 선택할 기회를 갖는다네.

하지만 부정적인 태도를 가졌던 지난날을 들먹이며 자기 자신을 비난하는 일도 잦지. 영국의 대문호 찰스 디킨슨은 이렇게 말했다네. '지금 우리 모두에게 넉넉히 주어진 현재의 축복을 음미하라. 얼마 되지도 않는 과거의 불행 따위엔 연연하지 말라.' 그러니 실패나 실수를 했다고 해서 거기에 연연하지 말게. 원망이나 한탄도 하지 말고. 그런 부정적인 김징들은 자네가 그토록 원하는 성공에서 더욱 벌어지게 할 뿐이라네.

제프, 모든 일이 잘 풀릴 때는 긍정적인 태도를 가지기가 쉽네. 그러나 불행히도 우리 인생은 우리 계획대로 풀리지 않을 때가 더 많지 않은가. 자네가 나와 월요일 수업을 할 수 밖에 없었던 이유 역시 그 때문이지. 자네는 역경에 부딪혔고, 그것을 어떻게 헤쳐나가야 할지 모르고 있었지. 다행히 자네는 더 늦기 전에 뭔가 새로운 것을 시도할 수 있는 용기를 가졌지. 하지만 자네와 달리 대부분의 사람들은 역경이 그들의 생각과 행동과 열정을 모두 갉아먹도록 그냥 방치하기 일쑤라네."

나는 토니의 말에 고개를 끄덕였다.

"몇 년 전에 일과 질병, 개인적인 불행을 이기고 성공한 20명의 사람들을 만나 역경에 대해 이야기를 나눈 적이 있네. 그들은 한결같이 역경을 극복한 게 개인적인 성공을 이루는 데 결정적인 전환점이 되었다고 말하더군. 나 역시 그때까지 성공한 사람들이 대부분 역경과 고난을 견디고 그 자리에 섰다는 것을 미처 피부로 실감하지 못한 터라 크게 놀랄 수밖에 없었네. 그들은 암이나 이혼, 마약중독, 배우자나 자녀의 사망, 건강문제, 파산을 비롯해서 우리가 상상할 수 있는 모든 불행과 좌절을 겪었지. 정말이지 평탄한 사람은 아무도 없었네.

성공한 사람들 역시 다른 사람과 마찬가지로 어려움이 있었다네. 때로 도저히 어떻게 해볼 수 없는 어려운 역경을 마주하거나 몰락을 자처한 경우가 있었지. 하지만 어디에서 고난과 역경에 부딪혔든지, 그것에 정면으로 맞서 싸우고 결국 극복해서 성공한 사람의 반열에 선 것이라네.

어떤 이는 역경이 사람을 닳게 한다고 하고, 어떤 이는 오히려 빛이 나게 만든다고 하네. 그런데 그것은 자네가 어떤 사람이고, 다가오는 역경을 어떻게 공략하는가 하는 선택에 따라 달라지네. 세상에 역경을 좋아할 사람은 아무도 없을 걸세. 사실 역경을 헤쳐나가기란 여간 힘든 게 아니라네. 하지만 역경 앞에서 자신을 연마한 사람들은 더욱더 성공한다네. 그게 진실이지. 성공한 사람과 보통 사람의 가장 큰 차이가 무엇인줄 아나? 보통 사람과 달리 성공한 사람은 그 상황을 타개하고 앞으로 나아가는 데 역량을 집중하는 선택을 한다는 점이지. 그리고 그들의 선택은 놀라운 힘을 발휘한다네. 역경 앞에서 긍정적인 대안을 떠올리고 모든 게 무너져내린 잿더미 위에서 다시 일어서서 성공으로 뻗은 길을 선택하거나, 그냥 폭삭 주저앉아서 평생 동안 자조하며 사는 선택을 할 수노 있다네." 토니가 말했나.

사실, 나는 그렇게 사는 사람을 봐왔다. 그들을 떠올리자 고통스런 감정이 밀려왔다. 내 지혜로운 멘토는 말을 계속 이어갔다.

"평범한 사람은 어려운 상황에 대해 불평하고, 자기 자신을 합리화하고, 다른 사람을 비난하는 데 소중한 에너지를 낭비하지. 그래서 아무런 긍정적인 결과에 접근하지 못한다네. 역경을 헤쳐나가는 데 필요한 에너지를 고갈시키는 결과만 낳을 뿐이지. 내 경험에 비추어볼 때, 아무리 상황이 어렵게 보여도 앞으로 나아갈 수 있는 대안은 늘 있네. 다만 그것을 보기로 선택해야 하지.

역경과 마주쳤을 때 가장 힘든 일은 공황상태에 빠져 판단력을 잃고 더 이상 앞으로 나가는 걸 주저하는 것이라네. 그 역경 속에서 돌부리나 장애물, 옮길 수 없는 커다란 산을 보곤 지레 겁부터 먹기 때문이지. 하지만 여러 가지 연구와 개인적인 경험을 통해서 우린 잘 알고 있네. 위기가 닥쳤을 땐 계속 움직이는 게 훨씬 낫다는 것을 말일세. 아무리 어려운 때라도 한 가지 목표를 정하고, 거기에 몰두하면 장애물에 신경 쓸 겨를조차 없다네. 계속 앞으로 나가는 일만 있을 뿐이지.

자네의 실패한 과거가 자연스레 부정적인 태도를 만들어냈다고 생각하는가? 불행하게도 실패한 과거를 바꿀 묘안은 없네. 사람들의 행동방식이나 태도 역시 마찬가지고. 태도는 외적인 조건이 아니라 내면에 의해 통제된다는 것을 잊지 말게. 만일 자네가 부정적인 태도를 가지고 있다면, 그것은 그것을 갖기로 선택했기 때문이지.

기본으로 돌아가보세. 성공은 자네 앞에 어떤 일이 다가오는지에 따라 달라지는 게 아니네. 오히려 자네가 자네 앞에 닥친 일과 환경에 어떤 태도로 대하는가에 따라 달라지. 다행인 것은 그런 태도는 학습하고 개발할 수 있다는 것이네. 물론 그것 역시 자네의 선택에 달려 있지만 말이야.

어려운 상황에 어떻게 대응할 것인지를 선택할 수 있고, 그럼으로써 자네 인생의 행복을 설계하는 것이지.”

토니는 내게 잠시 생각할 기회를 주려는 듯 말을 멈추었다. 하지만 나는 그런 점에서 무엇을 개선할 수 있을지 여전히 확신이 서질 않았다. “다른 수업의 주제와 마찬가지로, 오늘 수업의 주제에 대해 오랫동안 생각해오신 듯하네요. 당신은 제게 부족한 요소가 긍정적인 태도라고 생각하시는 것 같군요. 그러면 어떻게 하면 더 긍정적이고 열정적인 사람이 될 수 있을까요?”

“그렇다네. 나는 그게 자네의 삶에서 성공을 이룰 수 있는 아주 중요한 요소라고 생각하네. 사실, 우리 아버지가 전해준 지혜를 자네에게 전하고 싶어서 지금까지 오랫동안 기다려왔네. 그 지혜 가운데 하나가 바로 ‘긍정적인 태도를 키우는 여섯 가지 법칙’이라는 것이지.”

토니는 자리에서 일어나더니 파일에서 메모지를 한 장 꺼내왔다. “이것은 아버지가 직접 쓰신 거라네. 30년 전에 주셨지. 그때 그대로라네.” 종이 안에는 깨알 같은 글씨로 다음과 같이 써 있었다.

1. 뿌린 대로 거둔다

사과나무를 심으면 사과를 얻는다. 사과나무를 심어놓고, 그것이 참나무가 되기를 바랄 수 있는가? 만일 더욱 낙관적인 사람이 되고 싶다면 낙관이라는 씨앗을 뿌려라. 그리고 낙관적이고 긍정적인 열매를 얻기 위해 긍정적인 행동의 쟁기를 갈아라. 그리고 주위에 긍정적인 사람을 많이 두어라.

2. 마땅한 곳에 씨를 뿌린다

바위에 떨어진 씨는 절대로 열매를 맺지 못한다. 비옥한 땅을 골라서 씨를 뿌려라. 긍정적인 사람과 긍정적인 일을 도모하라. 긍정적인 목적을 성취하는 데 우리의 에너지를 사용하고, 소중한 에너지를 절대 부정적인 곳에 낭비하지 말라.

3. 때가 되면 열매를 수확한다

어떤 농부는 땅을 갈고 경작하는 것을 좋아해서 땅에 고랑을 내고 씨를 뿌렸다. 그러나 추수할 때가 되자 그 농부는 콤바인을 몰면서 자기가 정성스레 가꾼 고랑을 망가뜨리고 풍성한 밭을 황량하게 만드는 게 싫어졌다. 그럴 것이었으면 왜 그 고생을 했는가? 씨를 뿌렸으면 수확을 해야 한다.

4. 과거의 흉작은 과거의 일일 뿐이다

인생은 중요한 선택으로 가득 차 있고, 모든 선택은 나름의 결과를 가진다. 과거에 풍작이었는지 흉작이었는지는 사실 전혀 중요하지 않다. 다만 그 추수의 결과에 어떻게 대응하느냐가 중요하다. 과거의 실패가 오늘 긍정적인 씨 뿌리는 것을 어떻게 방해할 수 있는가? 우리는 올해 수확할 것과 관련해시만 뭔가를 할 수 있다. 과거의 실패는 올해 수확의 교훈이 된다. 그 깨달음을 바탕으로 당신은 더 많은 것을 수확할 수 있다.

5. 날씨와 해충, 그 밖의 걱정은 접는다

걱정은 쓸데없는 에너지 낭비인데다 의심을 더 크게 키우는 어리석은 짓이다. 걱정과 근심은 효과적인 문제 해결책보단 잠재적인 위험요소에 더 집중하게 만든다. 걱정을 멈추기 위한 가장 좋은 선택은 다름 아니라 능동적으로 행동하는 것이다.

6. 느긋해진다

계속해서 씨를 뿌리고자 하는 욕구와 강인함을 갖는 게 중요하다. 흉작이라고 자책해봤자 시간낭비일 뿐이다. 어느 누구도 우리만큼 우리 자신을 염려해줄 수 없다. 우리가 자긍심을 가지고 있지 않은데, 어떻게 다른 사람이 우리를 존경할 수 있겠는가?

토니는 종이를 접었다. "나는 아직도 아버지의 지혜에 놀라곤 하네. 30년 전에 무슨 유용한 자료가 있었겠는가? 세상이 지금처럼 빨리 돌아갈 때도 아니었는데 말이야. 아버지는 성공하기 위해 무엇보다 필요한 게 긍정적인 태도라는 것을 간파하신게지. 아버지가 옳았네. 열정과 낙관적인 태도야말로 우리가 취해야 할 선택이라네. 성공하고자 하는 사람에겐 무엇보다 올바른 선택이지."

토니가 잠시 말을 멈추었다. 나는 토니의 감회에 동참하듯 가만히 있었고, 다시 한 번 그의 관대함에 대해 속으로 감사했다.

"오늘 수업은 무슨 강연처럼 되어버렸구먼." 토니가 말했다. "사실 나 역시 자네와 마찬가지로 늘 긍정적인 태도를 갖기 위해 다짐을 하곤 하지. 나한테 하고 싶은 말을 자네에게 한 셈이지. 덕분에 나도 잘 배웠네."

"아니요, 제가 오히려 귀중한 가르침을 얻었는 걸요." 나는 교훈의 유용성을 인정했다. "두말할 것 없이 저는 제 과거가 미래의 발목을 잡는 걸 알면서 속수무책으로 당하고 있었죠. 이제야 태도의 중요성을 잘 알 것 같아요. 어려서 보이스카우트 단원을 하면서 기금을 모으기 위해 사탕을 팔던 때와는 또 다른 성인으로서의 책임이 필요하다는 것도 알았죠. 사실 요즘엔 여러모로 압박이 심하고, 의식적으로 열정을 가지려고 노력하죠. 앞으로는 당신과 당신의 아버님께서 남기신 말씀을 다른 사람과 함께 나누는 유산으로 삼겠어요."

"훌륭하네." 토니가 말했다. "그리고 유산에 대해서 말하자면, 자네의 유산을 이번 주 주제로 삼으면 적당할 것 같군."

토니는 미소를 짓더니 이상한 질문을 던졌다.

"'사랑의 블랙홀 *Ground Hog Day*'이라는 영화를 봤나?"

"네, 매우 재미있게 봤죠." 내가 대답했다.

"그 영화에서 빌 머레이*Bill Murray*는 매일 똑같은 생활을 반복하지. 그런데 말이야, 사실 많은 사람들이 그와 똑같은 방식으로 살아가고 있다네." 토니가 설명했다.

"은퇴할 때까지 사람들은 아침에 눈을 뜨자마자 똑같은 일을 시작하고, 그 일을 매일 반복하지. 왜 그런 줄 아나? 그래야 마음이 편하기 때문이지. 제프, 자넨 그 영화에 나오는 것처럼 반복되는 삶을 살 가능성이 다분하네. 그래서 이런 이야기를 하는 걸세. 그런 가능성이 농후한 자네에게 가장 강력한 적은 자네가 누리고 있는 안전지대일세.

10주 전, 아무것도 모른 채 자네가 맨 처음 우리 집에 왔을 때, 안전지대에 머무는 게 어떤 거라는 걸 설명했었지. 그 후 자넨 직장에서 많은 변화를 겪었고, 그 안전지대는 더 이상 편하지 않은 곳이 되었지. 그래서 자네는 무엇을 해야 할지, 어디로 가야 할지 갈피를 잡지 못하고 있었고.

최고가 되려면 안전지대에 마냥 머물러 있어서는 안 되네. 발전하기 위해 뼈를 깎는 노력을 해야 하지. 자네의 잠재력을 실현하기 위해선 안전지대에서 선행을 베푸는 유산지대로 넘어가야 하네."

"유산지대요?" 내가 물었다.

"내가 질문을 하나 할 테니 1분간 생각한 후에 대답해보게. 자네에게 유산은 무엇이고, 어떤 종류의 유산을 남기고 싶은가?" 토니가 물었다.

나는 토니의 말대로 1분간 생각한 다음 대답했다. "유산이란, 다른 사람에게 남기는 선물이라고 생각해요. 그리고 제가 이루고 전해주고 싶은 유산은 내가 이룬 모든 것과 다른 사람이 더 성장할 수 있도록 돕는 일이고요."

"훌륭하네." 토니가 대답했다. "다른 말로 하자면 자네의 유산은 자네가 최선을 다한 일과, 그것을 하면서 쌓은 지식과 경험을 나누어주는 일이지?"

"네, 저보다 훨씬 더 명확하게 표현하시네요. 하지만 기본적으론 뭔가 훌륭한 일을 하고 싶어요."

"제프, 만일 자네가 능력의 100%를 발휘해서 훌륭한 일을 이루고, 오래간 유산을 남긴다면 성공한 사람의 반열에 들고도 남을 것이네. 앤드류 카네기가 이런 말을 했지. '보통 사람은 자기 에너지와 능력의 25%만을 사용한다. 세상은 자기 능력 중 50%를 발휘한 사람에게 모자를 들어 존경을 표하고, 100%를 실현한 사람에게는 자리에서 일어나 경의를 표한다' 고 말일세.

자, 어떤가? 자네는 보통 사람 이상의 재능을 가지고 있네. 앞으로 자네가 모든 것을 다 바쳐서 성공한 후에 배운 지식을 남김없이 남기는 훌륭한 사람이 되길 바라네. 그런데 그 일을 하는 데 아무런 이유도 없다면, 그건 이기적인 일에 불과하지. 더 많은 것을 얻기 위해서는 더 많은 것을 주어야 하네." 토니가 설명했다.

"지식을 유산으로 남기는 것은 아주 훌륭한 행동이네. 성공은 어렵고, 또 고통을 수반하지. 영혼은 말라가고, 내면의 불길은 살면서 겪는 여러 가지 일로 사그라져 가지. 10주 전 우리 집에 온 자네의 모습이 그랬다네. 자네 내면의 불길은 거의 꺼져가고 있었지. 불씨만 남은 채 말이야. 그 불씨를 다시 살려줄 누군가가 필요했네. 그럴 수 있는 사람은 자네 말고 누군가 멘토가 할 수 있는 일이었지. 그 불씨를 되살리는 사람으로 나를 선택해주어서 다시 한 번 고맙다는 말을 하고 싶네.

자, 그건 그렇고, 자기 지식과 경험을 다른 사람과 공유하려는 사람이 없다면 어떤 일이 일어나겠는가? 우리 사회는 크게 곤란해지겠지. 생산적인 역할 모델은 물론 사례, 기부, 노숙자를 위한 도움, 소외계층을 대변하는 목소리가 없어질 걸세. 자, 상상해보게. 자네처럼 지식을 사회에 환원하겠다는 사람이 없다면 미래로 나아가는 데 되돌아볼 과거나 비추어볼 지혜가 없겠지. 유산을 남기겠다는 자네의 결정은 자네가 마지막 숨을 쉬고 난 후에도 오래 남을 거라네.

그런데 우리가 유산을 남길 때 어떤 자세를 가져야 할까?" 토니는 정말 궁금하다는 듯이 물었다. "원래 인간이라는 존재가 자기 일부를 다른 사람에게 전해주도록 그렇게 예정된 것일까? 아니면 정의상 그런 것일까? 왜 유산을 남겨야 하지?"

"뭐, 그게 올바른 일이기 때문에 그런 게 아닐까요?" 내가 대답했다. "하지만 이 험한 세상에서 살아남기 위해 발버둥치면서 동시에 남에게 베푸는 일은 정말 어려운 것 같아요."

"다른 사람을 우선순위로 놓는 선행을 선택하는 것은 많은 인내를 요구하네. 특히 선행을 베푸는 우리의 노력은 아랑곳하지 않은 채 상대방이 이기적으로 행동할 때는 더더욱 그런 회의가 들게 마련이지. 자네 말처럼 미처 다른 사람과 시간과 에너지를 나누기도 전에 이미 우리 스케줄이 빡빡해 있기 일쑤지.

조지 워싱턴 카버 _George Washington Carver_ 가 이런 말을 했다네. '젊은이에게는 온화함을, 나이 먹은 사람에게는 동정심을, 주린 사람에게는 연민을, 약한 사람에게는 관용을 얼마만큼 베푸는지에 따라 우리가 인생에서 얻는 것도 달라진다. 우리가 살면서 이 모든 과정을 다 겪기 때문이다.'

남에게 베푸는 일의 기쁨은 베푸는 그 행위 자체에 있지, 뭔가를 되돌려 받는 것에 있지 않다네. 되돌려 받으려고 베푸는 게 아니지 않은가. 만일 뭔가 되돌려 받고 싶은 기대를 가지고 있다면, 실망할 준비를 하게. 그건 베푸는 게 아니라 물물교환이라네. 만일 베푼 선행의 대가로 뭔가를 되돌려 받는다면 보너스로 여기게. 절대 자네가 빌려준 것을 되받은 게 아니니 말일세."

"베풀 게 많이 있을지 모르겠네요. 아직 매일매일 힘든데다 성공한 것 같지도 않으니 말이에요. 토니, 당신이나 다른 사람들이 도달한 그런 성공에는 미치지 못한 것 같은데요."

"만일 자네가 바라는 성공에 도달할 때까지 기다린다면 자네는 베푸는 즐거움을 영영 놓치고 말걸세." 토니가 말했다.

"시간과 지혜만 있으면 충분히 베풀 수 있다네. 자네 옆에 있는 동료나 상사, 친구에게 시도해보게. 무엇이든 말일세. 한 사람의 인생을 바꿀 수 있는 중대한 일이 언제 어디에서 벌어질지 모르는 일 아닌가? 베풀 때는 진심으로 해야하네. 대개 남에게 뭔가를 베풀면 상대방에게서 친절한 응답을 받게 되지. 우리가 베푼 선행이 어떤 결과로 나타날지는 아무도 모른다네.

영국의 한 농부가 늪에 빠진 소년을 구해주었네. 농부는 사투를 벌인 끝에 어렵게 그 소년을 구해냈지만, 사투를 벌이는 내내 자기까지 죽을 수 있다는 두려움을 떨칠 수는 없었네. 그날 저녁, 말쑥한 신사가 농부의 허름한 오두막에 들렀는데, 놀랍게도 자기를 늪에 빠졌던 소년의 아버지라고 소개하면서 뭔가 보답을 하고 싶다는 뜻을 밝혔지. 농부가 이를 정중히 거절하자, 그 신사는 농부의 아들을 보더니 아들이 대학에 들어갈 수 있도록 학비를 대겠다고 한사코 주장했다네. 신사의 도움 덕택으로 농부의 아들은 대학에서 과학을 전공했는데, 그가 누구인지 알겠는가? 바로 페니실린을 개발한 알렉산더 플레밍*Alexander Fleming*이라네. 그런데 신행의 결과는 여기에서 그치시 않는나네. 우연의 일치인지, 농부가 구해준 소년이 어른이 되어서 폐렴에 걸려 앓아눕게 되었지. 물론 어른이 된 그 소년은 플레밍의 페니실린 덕분에 목숨을 건질 수가 있었다네. 그 소년이 바로 윈스턴 처칠이라네.

사실 같기도 하고, 꾸며낸 이야기 같기도 한 이 이야기가 말하고자 하는 메시지가 뭐라고 생각하는가? 별게 아니네. 다른 사람에게 뭔가를 베풀면 그 몇 배의 보상이 돌아온다는 거지. 그것이 바로 베푸는 일의 법칙이라네. 자네 주위에는 지금 당장이라도 자네의 경험이나 조언, 상담을 유용하게 사용할 사람들이 많이 있다네. 둘러보게. 그들은 누군가의 도움을 절실히 원하면서, 어디로 가야할지, 누구에게 도움을 청해야 할지 도대체 모르고 있지 않나? 단순히 경험을 공유하는 것만으로 자네는 그들의 인생을 확 바꿀 수 있단 말일세.

다른 이야기를 하나 해볼까? 한 남자가 거리를 지나가다 구덩이에 빠졌다네. 그 구덩이는 너무 깊어 혼자서는 절대 빠져나올 수가 없었네. 아무리 둘러봐도 빠져나갈 방도가 없었지. 잠시 후, 한 성직자가 길을 지나가다 살려달라는 소리를 듣고 구멍에 빠진 남자를 발견했다네. 성직자는 이렇게 물었네. '아니, 왜 그 아래에 있소?' 그 남자는 '지나가다 빠졌는데 나갈 수가 없어요' 라고 대답했다네. 그러자 성직자는 그 남자를 위해 기도하겠다고 말하곤 가버렸다네.

얼마 후, 한 경찰관이 길을 지나가다 역시 살려달라는 소리를 듣고 남자를 발견했지. 똑같이 질문을 했지. '아니, 그 속에서 뭐하는 거요?' 그러자 그 남자는 역시 똑같이 대답을 했다네. '지나가다 빠졌는데 나갈 수가 없어요.' 그러자 그 경찰관은 남자에게 무단횡단 딱지를 떼어 구멍 속으로 던지고는 역시 다른 곳으로 가버렸다네.

이번에는 환경운동가가 길을 지나가다가 살려달라고 소리치는 소리를 듣고 구덩이에 빠진 남자를 발견했다네. 그는 '아니, 그 구덩이에 왜 들어가 있소?' 라고 물었고, 구덩이에 빠진 남자는 '지나가다 빠졌는데 나갈 수가 없어요' 라고 대답했다네. 그러자 그 환경운동가는 사람이 다니는 길에 이렇게 깊은 구덩이가 있는 것은 환경적으로 안전하지 못한 조치라며 '남자가 구덩이에 빠졌다. 안전하지 못한 환경을 개선하라!' 는 피켓을 들고 한참을 시위하다가 다른 곳으로 가버렸다네.

마지막으로 그 남자의 친구가 길을 지나가다 살려달라는 소리를 듣고 구덩이에 빠진 남자를 발견했네. '아니, 왜 그 속에 들어가 있나?' 라고 물었지. 그 남사는 '지나가나 빠셨는데 나갈 수가 없어' 라고 대답했네. 그러자 그 친구는 주저하지 않고 그 구덩이 속으로 뛰어내렸다네. 구덩이에 빠졌던 남자는 친구에게 물었네. '왜 뛰어내렸어? 여기서 나갈 수 없단 말이야. 성직자는 기도하고 지나갔고, 경찰은 내게 벌금 딱지를 끊고 가버렸지. 그리고 환경운동가는 환경운동을 한답시고 피켓만 요란하게 흔들다 딴 곳으로 가버렸다네. 그런데 자네는 지금 이리로 뛰어내렸으니, 자네 지금 제 정신인가?' 그러자 그 친구는 이렇게 대답했다네. '빠져나가는 길을 알고 있으니 걱정하지 말게. 나도 예전에 이곳에 빠진 적이 있다네.'

제프, 이와 똑같은 상황이 나타날 확률은 그리 크지 않겠지만, 구덩이에 빠진 사람이 그곳에서 벗어나려고 애를 쓰는 모습을 보면 마땅히 그의 말을 들어주고 코칭하고 도와주어야 할 걸세. 사람들의 신뢰를 받는 상담자나 멘토, 지도자는 주위 사람들의 인생에 깊은 영향을 남긴다네. 그들은 배려와 경험을 공유하며 성공의 조건을 나누어주지.

그리고 오늘날 사람들에게는 긍정적인 역할 모델이 필요하네. 물론 역할 모델이야 넘쳐나지만, 긍정적인 역할 모델은 부족한 현실이지. 자네가 어디에 있든, 무엇을 하든 자네를 지켜보는 사람들에게 자네는 하나의 역할 모델이지. 자네가 해야 할 선택은 어떤 모델이 될 것인가 라네. 긍정적인 영향을 줄 것인지 부정적인 영향을 줄 것인지 역시 자네의 선택이지.

자네가 살면서 하는 일 모두가 자네가 남길 유산이 될 걸세. 아무도 자네에게 그런 일을 하라고 요구하지 않네. 누군가를 돕기 위해 자네가 하는 일이지. 자네의 친구나 동료, 혹은 모르는 누군가를 위해 하는 일 말일세. 그건 가격표가 붙어 있지 않은 선물이지. 자네의 유산은 돈으로 환산할 수 없을 만큼 귀한 것이라네.

물론 자네는 성공할 것이네. 하지만 유산을 남기는 선택은 자네를 아주 특별한 존재로 만들어주지. 그리고 자네에게도 커다란 삶의 의미를 줄 것이네. 자네의 인생은 다음 세대에 귀한 모범으로 전해져 되살아날 테니 말일세." 토니가 말을 마쳤다.

"지금 당장 선행을 베풀고 싶어요. 그런데 당신은 어떻게 멘토의 역할을 시작하게 되었죠? 저도 그럴 수 있을까요? 어디서부터 시작하면 좋을까요?"

"유산을 남기는 일은 안전지대에서 빠져나와 유산지대로 들어가고자 결심할 때에서야 비로소 시작되네. 자, 한번 들어보게. 선행을 베풀어 유산을 남기기 위해서는 타인과 나눌 수 있는 지식이 있어야겠지. 그리고 그 지식을 얻기 위해서는 남들과는 달라야 하네. 유산지대에는 세 개의 방이 있네.

첫 번째 방은 독서방*reading room*이야. 이 서재를 둘러보게. 책이 천 권도 넘지. 이 책의 반 이상은 경영과 리더십에 관한 것이네. 난 문제를 해결하는 데 도움을 달라는 회사 중역들의 전화를 많이 받는다네. 하지만 난 절대로 그들에게 '완전한 해결책'을 제시하지 않네. 그들이 들고 오는 문제는 모두 비슷비슷하더군. 내가 그들에게 주는 것은 모두 이 책을 쓴 사람들의 지혜에서 얻었네. 정말이지 책을 많이 읽으면 많은 것을 배울 수 있네. 많이 배울수록 얻는 게 많다는 것은 내 장담하지. 대개 집이 클수록 서재가 크다네. 우연의 일치 같은가? 유산을 남기는 것은 끊임없이 지식을 확장하고, 그렇게 하는 것으로 나눌 거리를 더 많이 가지는 것이네."

나는 서재를 둘러보았다. 책장마다 수많은 지식과 지혜가 넘쳐나는 듯 했다.

"대부분의 사람들이 1년에 논픽션 분야의 책을 1권도 읽지 않는다는 사실을 알고 있나? 단 1권도 말이야. 그런 책은 구하기도 힘들고 비쌀 거라고 생각해서 그럴 수도 있겠지. 하지만 공공 도서관마다 책이 아주 많네. 아무나 그냥 가서 빌리기만 하면 돈 없이도 얼마든지 읽을 수 있다네.

상당수의 최고경영자가 한 달에 10권 정도의 책을 읽지. 하지만 미국의 평균적인 노동자들은 평생에 10권도 읽을까 말까 할 거야. 자기가 읽는 책과 성공 사이엔 직접적인 상관관계가 존재하지. 누군가의 집을 방문하면 책상에 어떤 책이 놓여 있는지 확인해보게. 그리고 책꽂이에는 어떤 책들이 꽂혀 있는지도 보게나. 그 사람의 삶의 철학과 가치가 무엇인지 금방 알 수 있다네. 그리고 지식은 물론 여가로 즐길 수 있는 책이 넘쳐난다네.

자, 자네가 경영이나 리더십에 관한 책을 한 달에 1권씩 읽기로 했다고 가정해보세. 대부분의 단행본은 12개에서 20개의 장(章)으로 되어 있지. 만일 하루에 반 장 정도 읽는다고 하면 약 10분 정도 걸리겠지. 그럼 1년 동안 자네는 12권을 읽을 수 있네. 만일 자네가 경영과 리더십에 관한 책을 1년에 12권 읽는다면, 그 분야에 대해 상당한 지식을 얻을 거네. 그렇지 않은가?

월요일 아침 수업시간에 하는 질문치고는 이례적으로 쉬운 질문이었다. "물론이죠." 내가 대답했다.

"회사에서 승진했을 때, 자넨 그것을 위해 미리 준비를 많이 했었나?"

"물론이죠."

"제프, 난 자네가 시간이나 돈이 있는지를 묻는 게 아니네. 자네가 독서할 시간을 매일 챙길 만한 훈련이 되어 있는지를 묻는 걸세. 자네의 경우, 앞으로 퇴직하기까지 최소한 15년은 남았으니, 그동안 하루에 반 장만 읽어도 총 180권을 읽을 수 있네. 독서를 우선순위로 정하게. 그러면 거기서 얻은 지식 덕분에 다음 승진을 위한 분명한 선택을 할 수 있을 걸세.

물론 경영서적만 읽으라는 건 아니네. 관심 있는 분야와 공유할 지식을 가진 책을 읽게나. 알버트 아인슈타인과 대화를 하고 싶은가? 그렇다면 그가 쓴 수필집을 읽어보게. 처칠의 인생 경험을 듣고 싶은가? 수백 가지 종류로 나와 있는 그의 책을 읽고 자네의 질문에 대한 답을 찾을 수 있을 걸세. 레이건 대통령이 소련의 고르바초프에게 '이 냉전의 장벽을 걷어냅시다' 라고 말했을 때 그의 기분이 어땠는지 알고 싶은가? 그의 회고록을 펼치기만 하면 바로 알 수 있다네. 경영과 리더십에 대해 궁금한 게 있다면 피터 드러커나 잭 웰치의 말에 귀를 기울일 수도 있네. 그들의 책을 읽어보게. 더 깊은 사색가가 되고 싶다면 성경이 그 길을 인도할 것이네. 위대한 사상가들이 종교와 상관없이 늘 곁에 두고 읽은 책이 바로 성경이니까.

우리가 일생을 살면서 만날 수 있는 사람은 한정되어 있다네. 뭔가 한 수 배울 만한 사람들은 이미 세상을 떠났거나 가까이에서 만날 수 없는 경우가 대부분이지. 그러나 남에게 뭔가를 배우는 데 있어서는 한계나 장애가 있을 수 없다네. 위대한 사람들에 관한 지식을 스스로 구하고 지금보다 더 발전한 자신을 꿈꾸게. 손만 뻗으면 닿는 책 속에 무궁무진한 정보가 기다리고 있지 않은가? 지식을 편식해서 성공 경력에 장애가 되지 않게 하게나."

"분명 맞는 말씀이긴 한데 너무나 많은 선택이 있어서 어디에서 시작해야 할지 모르겠군요."

"어디서부터 시작해야 할지 모르겠다고? 어떤 것이라도 좋네. 그냥 시작하게! 성공한 사람들과 만나는 것을 즐기는 것부터 시작해도 좋고, 독서의 즐거움을 만끽하는 일부터 시작해도 괜찮네. 그러니 어디서든 시작하게. 그게 중요하네. 그리고 하루도 거르지 말고 책을 읽게. 그것이 자네의 인생을 바꾸어놓을 걸세.

유산지대의 두 번째 방은 경청방listening room이네. 경영자가 실패하는 주요한 이유가 오만함, 자기통제 불능, 무감각 때문이라는 사실을 알고 있나? 그들은 직원들의 말에 귀 기울일 시간이 필요하다는 사실을 잊고 있네. 그러다 보면 얼마 못 가 직원 개개인의 요구와 바람에 무감각해지고 말지. 오만함, 자기통제 불능, 무감각은 관리자 세상의 함정에 해당한다네. 자넨 그 함정에 빠지지 않도록 조신하고, 늘 팀원들의 말에 귀를 기울이게! 경청에 관해 몇 가지만 더 얘기하겠네."

토니는 말을 계속하기에 앞서 커피를 한 모금 마셨다.

"첫째, 사람들은 대부분 외부에서 열리는 세미나나 회의에 참석하면 더 잘 경청하는 경향이 있네. 언제든지 새로운 정보를 모으면 더 나은 결정을 할 수 있고 말이야.

둘째, 차를 타고 이동하는 시간을 더 잘 활용하면 경청하는 법을 더 잘 배울 수 있네. 보통 사람이 차 안에서 보내는 시간은 1년에 500시간이 넘는다는군. 아주 많은 시간이지. 만일 그 시간에 조금만 동기를 유발하거나 영감을 주는 테이프를 듣는다면, 남의 말을 더 잘 들을 수 있게 되지 않을까 싶네.

유산지대의 세 번째 방은 나눔방giving room이네. 나는 되돌려주지 않고는 절대 성공할 수 없다고 확신하네. 영구차에 짐칸이 없는 것은 다 이유가 있지. 가지고 있던 것은 죄다 다른 사람에게 남기고 가야 되잖나. 우리가 이 수업을 시작할 때, 난 내게 배운 것을 꼭 다른 사람에게 가르쳐주라고 자네에게 요구했네. 내가 그런 요구를 했던 것은 그래야 자네가 더욱 책임감을 가지고 수업을 들을 것 같아서였지. 가르치는 것은 자네에게도 도움이 될 거네! 평생 배워야 한다는 말이 딱 맞더군. 하지만 발전하기 위해 구체적인 목표를 세우지 않는다면 바뀌는 건 아무것도 없다네.

배를 보려고 공항에 가는 어리석은 사람들이 있네. 뭐가 문제일까? 공항에는 배가 들어오지 않는다는 것이지. 배를 보려면 항구로 갔어야 옳지. 개인적인 발전과 관련해서 생각해볼 때, 배는 목표에 해당하네. 구체적이고 측정가능하고 손에 넣을 수 있는 목표 말일세.

난 목표가 자발적 동기부여를 위한 가장 강력한 힘이 될 수 있다는 것을 알았네. 목표는 자네가 달리고 있는 트랙이라고 할 수 있지. 그런데 구체적인 목표를 가지고 달리는 사람은 채 5%가 안 되네. 자기 목표를 종이에 적어놓는 사람 역시 5%가 안 될 걸세.

만일 목표가 그렇게 중요한 것이라면 더 많은 사람에게 목표를 가지라고 말하면 될 거라고 생각하겠지? 그런데 사람들은 다음의 네 가지 이유로 목표를 세우지 못하네.

첫째, 그것의 중요성을 모르기 때문이지. 내가 아는 모든 위대한 성취는 목표를 종이에 써내려감과 동시에 시작되었네. 그러면 목표는 자동으로 달성되지. 문제는 목표를 설정하는 거라네.

둘째, 대부분의 사람들은 목표에 도달하는 방법을 모르네. 난 매주 수업이 끝날 때마다 그 다음 주에 자네가 할 일을 적어보라고 했네. 그렇게 하면 자네가 할 일이 분명해지고, 자넨 그 일을 책임지고 할 수 있기 때문에 그랬던 거라네.

셋째, 사람들은 실패가 두려워서 목표를 아예 세우지 않네. 목표가 없으면 실패할 위험 역시 없을 테니 말일세. 하지만 우리는 그 반대로 해야 하네. 더 먼저, 더 자주 실패해 봐야 하지. '실패는 성공의 어머니' 라는 말도 있지 않은가. 더 성공하기 위해서는 실패해보고, 또 실패해보고…. 물론 다시는 일어나지 못할 만큼의 극단적인 상황까지 가면 안 되겠지. 지금 난 목표달성에 실패했을 때조차 우리가 성공 할 수 있도록 돕는 목표설정에 관한 이야기를 하고 있네.

넷째, 목표를 세우면 안전지대를 떠나야 하네. 그러기 위 해서는 전혀 새로운 변화를 시작해야 하기 때문에 많은 사 람들이 두려워할 수도 있지. 자네가 목표를 아주 멋지게 세 워서 그 목표를 달성하게 된다면 나로선 더할 나위 없이 기 쁠 걸세. 자넨 인생의 균형을 유지하는 리더가 되고, 자넬 따르는 사람들의 훌륭한 역할 모델이 될 테지.

지난 몇 년간 새롭게 배운 게 하나 있네. 항상 일에만 매달 린 나머지 급기야 건강이 나빠지고 가족을 잃어버린 사람을 본받고 싶어 하는 사람은 아무도 없다는 것일세. 사람들은 일뿐만 아니라 모든 분야에서 균형을 유지하는 사람을 본받 고 싶어 하네.

자네에게 마지막으로 이 말을 해주고 싶네. 긍정적으로 살게! 물론 살다보면 또다시 용기를 잃게 되는 경우가 생기 겠지. 하지만 그렇다고 해서 절대 포기하지 말게.

세상은 낙관주의자만을 위한 곳이 아니네. 나쁜 일은 최고의 위치에 있는 사람에게도 일어나지. 내가 골프를 꽤나 즐긴다는 걸 자네도 알고 있겠지? 그래서 말인데, 골프는 인생이나 리더십에 대해 생각해볼 수 있는 기회를 마련해주네. 여러 가지 교훈을 주지. 난 골프를 치면서 매 라운드마다 맥 빠지는 일이 세 번씩 일어난다는 사실을 알았네. 페어웨이 한가운데로 공을 쳤는데 앞 사람의 클럽에 패인 구덩이 속에 떨어진다든지, 완벽한 샷을 휘둘렀는데 때마침 강풍이 불어 멀리 날아가지 못하고 벙커에 빠져버린다든지, 누군가 급하다는 이유로 볼 마트를 제대로 눌러놓지 않아 완벽한 퍼트인데도 공이 그것을 맞고 엉뚱한 데로 흘러버린다거나 하는 일들이 일어나는 거지.

비즈니스도 이와 비슷하게 불공평한 일들이 생기네. 문제는 '불공평한 일이 일어날 것인가?' 가 아니라 '닥친 일에 어떻게 대응할 것인가?' 일세. 궁극적으로 자네의 성공 척도는 바로 스스로 옳다고 생각하는 것을 행동으로 옮길 용기를 가졌는지를 확인할 수 있는 능력이지."

다른 때처럼 토니는 절대 잊어버릴 수 없도록 요점만 선명하게 설명했다. 나는 토니가 한 말을 바쁘게 적었다.

"그러므로 인생의 상당 부분은 태도와 직결되네. 우리 앞에 놓인 인생을 어떻게 요리하는지에 따라 결과가 달라지지. 아무리 힘들어도 산다는 건 멋진 일 아닌가? 그러니 늘 긍정적인 태도를 가지고 남이 성장할 수 있도록 도와주게나.

윈스턴 처칠은 이렇게 말했네. '사람은 살면서 자기만의 특별한 순간을 맞게 된다. 남에게 존경을 받을 만한 특별한 일을 할 수 있는 기회가 온다. 그런데 그 순간에 미처 준비가 되어 있지 않다면, 가장 영광스런 그 순간에 준비가 부족하다면, 이 얼마나 비극적인 일인가?'

지난 10주 동안 나는 살면서 배운 지식을 자네에게 전해주었네. 자네가 인생이라는 시간을 멋지게 사용하도록 도와주고 싶었네, 제프. 이제 다 끝났네. 마지막으로 한번 묻겠네. 자네는 어떻게 예전과 다르게 살 것인가?"

"토니, 마지막으로 아주 좋은 이야기를 해주셨군요. 그런 질문을 하실 거 같아 미리 생각해본 게 있어요. 그 동안의 정리한 노트를 다시 한 번 훑어보면서 제가 결심한 것을 정리해보았죠."

리더십을 위한 제프의 조언

- 상황과 상관 없이 내 행동과 내 팀의 업무에
  책임을 진다.
- 역경을 기꺼이 감수한다.
- 핵심과업을 절대 잊지 않는다.
- 상사와 긍정적인 관계를 갖는다.
- 관리자 세상에서 벗어나 팀원들과 더 자주 접촉한다.
- 피드백을 중요시하고 생산적인 비판에 귀를 기울인다.
- 슈퍼스타의 행동을 찾아내 보상한다.
- 주도적으로 문제를 해결한다.
- 보는 사람이 없어도 올바르게 행동한다.
- 내가 하는 일이 모두 내 리더십 점수로
  산출된다는 사실을 인식한다.
- 직원을 채용할 때에는 까다롭게 한다.
- 새로운 입구에서 기다릴 기회를 얻기 위해
  예전의 것을 과감히 버린다.
- 나는 훌륭한 시간관리자다.
- 다른 사람의 양동이를 채운다.

그리고 오늘 수업을 하면서 몇 가지 더 추가되었죠.

- 과거가 내 미래의 발목을 잡지 못하게 한다.
- 나는 열정적인 리더다.
- 나 자신은 물론 타인에게 친절하게 대한다.
- 우리는 함께 가는 사람이다.
- 당장 선행을 실천한다.
- 다른 사람에게 긍정적인 역할 모델이 된다.

"아주 훌륭하군, 제프. 자넨 지난 10주 동안 엄청난 발전을 했어." 토니는 일어서서 악수를 청하며 말했다.

"가기 전에 당신께 드릴 게 있어요. 차 안에 있으니 금방 다녀올게요." 잠시 후 나는 다시 서재로 돌아왔다. "여기요, 토니. 당신을 위해 준비했어요." 나는 선물용으로 포장한 상자를 토니에게 내밀었다.

"약간 촌스럽긴 하지만, 이 선물은 지난 10주 동안 당신이 제게 주신 가르침에 대한 보답이에요." 그렇게 말하자 목이 약간 메어왔다. 토니가 상자를 열었다. 전면에 토니의 이니셜이 새겨진 큰 황동 양동이었다. 그리고 그 양동이 안에는 30여 개의 아주 자그마한 선물이 가득 들어 있었다.

"당신은 지혜와 통찰력이라는 선물로 제 양동이를 가득 채워주셨어요. 이제 언제 다시 만날 수 있을까요?"

"글쎄. 이것은 꼭 명심하게. 우리가 처음 수업을 시작할 때, 내게 배운 것을 다른 사람에게 전하겠다고 했던 약속 말일세. 그 약속을 지켜주게. 그런 다음 다시 만나지. 제프, 양동이와 선물 고맙네. 자네가 전화해줘서 이렇게 만날 수 있었던 것을 다시 한 번 영광으로 생각하네."

나는 밖으로 걸어 나오면서 심호흡을 크게 하고 난 후에 뒤돌아서 손을 흔들었다.

"안녕히 계세요, 토니. 또 만나요."

열째 주

- 과거가 미래의 발목을 잡지 못하도록 한다.

- 안전지대에서 빠져나와 나만의 유산지대에
  머무른다.

- 매일 책을 읽는다.

- 목표를 설정한다.

- 긍정적으로 산다.

에필로그

　월요일 아침마다 토니와 함께 한 10번의 수업은 내 인생의 전환점이 되었다. 그의 속 깊은 지혜는 지난 2년간 나의 행동과 진로의 안내자 역할을 해주었다. 6개월 전, 나는 승진을 했고, 한때 회사를 떠났다가 다시 돌아온 제니가 내 후임이 되었다.

　대부분의 사람들은 토니처럼 지혜로운 멘토를 만나지 못한다. 아니, 결코 만나지 못할 것이다. 내 바람은 당신 역시 토니의 가르침을 받고, 그 가르침을 다른 사람들에게 전해 줄 수 있었으면 하는 것이다.

　이제 난 토니와의 약속을 지켰고, 따라서 다음 만남을 약속하기 위한 전화를 할 수 있게 되었다

옮긴이의 글

리더십에 관심이 있는 독자라면 저자의 전작 《먼데이 모닝 리더십, 8일간의 기적》을 이미 읽었을지 모른다. 다만 혹 읽지 않았을지 모르는 독자를 위해 간략하게 그 내용을 소개한다.

전작에서 저자는 첫째, 당신이 운전사인지 승객인지를 물으며 운전사라는 것을 확인시켜 주고, 둘째, 항상 핵심과업이 무엇인지 따져보고, 셋째, 관리자 세상에서 벗어나고, 넷째, '옳은 일'을 하고, 다섯째, 팀원채용을 까다롭게 하고, 여섯째, 일을 덜하거나 빨리 하고, 일곱째, 양동이와 국자 비유를 통해 팀원들의 사기를 진작시키고, 여덟째, 학습지대에 머무르라고 리더들에게 말한다. 이 책을 막 읽은 독자라면 '어? 내용이 같잖아!'라고 생각할지 모른다.

그렇다. 이 책은 전작과 유사한 내용을 다룬다. 하지만 관점이 다르다. 이 책은 리더의 관점보다는 멘토의 관점에서 이야기를 풀어나가고 있기 때문에 전작에서 충분히 설명하지 못한 사항을 보완하여 비교적 자세하게 설명하고 있다.

전작의 첫번째 주제인 '운전사와 승객'을 멘토 관점의 '역경은 인내하는 것'으로 바꾸었고, 세번째 주제인 '관리자 세상에서 벗어나라' 다음에 '비판이 주는 가르침'을 에서 새롭게 추가했다. 멘토의 관점에서 볼 때, 리더 역시 코칭이 필요하다는 생각에서다. 그리고 지속적으로 변화하는 환경에 대응하기 위해선 리더들이 기존의 안전지대에서 빠져나와(출구) 미지의 새로운 지대로 과감하게 들어가야(입구) 한다는 점에서 '출구와 입구'도 추가했다. 마지막 주제인 '학습지대에 머물러라' 또한 '선행을 유산으로'로 바꾸었다.

이미 저작을 접한 사람에게는 8가지 주제에 대한 상세한 설명을 통한 반복학습과 두 가지 주제에 대한 추가학습을, 그리고 그렇지 못한 사람들에게는 자기 리더십을 점검하고 더 나은 리더로 변화할 수 있는 귀중한 기회가 될 수 있을 것이다. 그리고 이것이 나를 비롯해서 이 책이 나오기까지 수고한 모든 (주)한언 식구들이 바라는 것이다.

지은이 소개   데이비드 코트렐 *David Cottrell*

코너스톤 리더십 연구소*ConerStone Leadership Institute*의 CEO인 저자는 세계적으로 잘 알려진 리더십 컨설턴트이며 교육자이자 강사다. 그는 제록스*Xerox* 사와 페덱스*FedEx* 사에서 다년간 경영진으로 근무한 경력이 있으며, 코너스톤 사를 창립하기 전에는 여러 기업을 성공적으로 회생시키기도 한 경영의 귀재다.

그는 전문 경영인으로서 보낸 25년간의 경험을 살려 10권 이상의 저서를 출간하였고 미국 전역을 누비는 대중 강연가로서 명성을 얻고 있다. 그의 리더십에 관한 메시지는 전 세계 25,000여 경영자들에게 전달되고 있다.

저서로는 《먼데이 모닝 리더십, 8일간의 기적》,《선택이 이끄는 성공》 등이 있다.

옮긴이 소개   송경근

한국 기업에 맞는 경영전략(비전, 핵심역량) 수립과 경영혁신, 지식경영, 통합경영성과지표(BSC), 고객관계관리(CRM), 정보시스템(ERP) 구축 등 기업 컨설팅 프로젝트를 전문적으로 수행하는 하나컨설팅그룹의 대표다. 한국능률협회, 서울중앙병원(미션, 비전, BSC), ㈜제일기획 경영자문, ㈜금강기획 경영혁신 자문을 역임했으며, 현재 ㈜화천기계의 고문, ㈜벽산건설 자문으로 활동하고 있다. 번역한 책으로는 《주식회사 예수》, 《기적의 사명선언문》,《먼데이 모닝 리더십, 8일간의 기적》, 《로열티 레슨, 홀리고 사로잡고 열광한다》,《가치실현을 위한 통합경영지표BSC》 등 다수가 있다.

한언의 사명선언문

Since 3rd day of January, 1998

Our Mission ─ㆍ우리는 새로운 지식을 창출, 전파하여 전 인류가 이를 공유케 함으로써 인류문화의 발전과 행복에 이바지한다.

─ㆍ우리는 끊임없이 학습하는 조직으로서 자신과 조직의 발전을 위해 쉼없이 노력하며, 궁극적으로는 세계적 컨텐츠 그룹을 지향한다.

─ㆍ우리는 정신적, 물질적으로 최고 수준의 복지를 실현하기 위해 노력하며, 명실공히 초일류 사원들의 집합체로서 부끄럼없이 행동한다.

Our Vision 한언은 컨텐츠 기업의 선도적 성공모델이 된다.

저희 한언인들은 위와 같은 사명을 항상 가슴 속에 간직하고
좋은 책을 만들기 위해 최선을 다하고 있습니다.
독자 여러분의 아낌없는 충고와 격려를 부탁드립니다.

ㆍ한언 가족 ㆍ

HanEon's Mission statement

Our Mission ─ㆍWe create and broadcast new knowledge for the advancement and happiness of the whole human race.

─ㆍWe do our best to improve ourselves and the organization, with the ultimate goal of striving to be the best content group in the world.

─ㆍWe try to realize the highest quality of welfare system in both mental and physical ways and we behave in a manner that reflects our mission as proud members of HanEon Community.

Our Vision HanEon will be the leading Success Model of the content group.